PÉROLAS DE
SABEDORIA

PSICOGRAFIA DE
FRANCISCO CÂNDIDO XAVIER

PELO ESPÍRITO NEIO LÚCIO

PÉROLAS DE
SABEDORIA

ORGANIZAÇÃO DE
BRAZ JOSÉ MARQUES

VINHA
DE LUZ

SERVIÇO EDITORIAL

Belo Horizonte
2014

EDIÇÃO: VINHA DE LUZ - Serviço Editorial
Departamento Editorial da Casa de Chico Xavier de Pedro Leopoldo
Av. Álvares Cabral, 1777 | 20º andar | Sala 2006
Santo Agostinho | 30170-001 | Belo Horizonte | MG
(31) 2531-3200 | 2531-3300 | 3517-1573
www.vinhadeluz.com.br | informacoes@vinhadeluz.com.br
www.casadechicoxavier.com.br | informacoes@casadechicoxavier.com.br

COORDENAÇÃO EDITORIAL
Célia Maria de Oliveira Soares | Geraldo Lemos Neto

PROJETO GRÁFICO | CAPA
Luiz Augusto da Costa

DIAGRAMAÇÃO
Célia Maria de Oliveira Soares

REVISÃO TÉCNICA
Célia Maria de Oliveira Soares | Geraldo Lemos Neto

1ª edição - março 2014 | 2.000 exemplares

Dados Internacionais de Catalogação na Publicação (CIP)
(Câmara Brasileira do Livro, SP, Brasil)

Lúcio, Neio (Espírito).
    Pérolas de sabedoria / pelo espírito Neio Lúcio ;
psicografia de Francisco Cândido Xavier ;
organização de Braz José Marques. --
Belo Horizonte : Vinha de Luz, 2014.

    Bibliografia.

    1. Espiritismo 2. Psicografia I. Lúcio, Neio.
II. Xavier, Francisco Cândido, 1910-2002.
III. Marques, Braz José. IV. Título.

13-13952   CDD-133.93

Índices para catálogo sistemático :

1. Mensagens psicografadas : Espiritismo 133.93

EPÍGRAFE

"O livro deve ser o nosso melhor tesouro, em se tratando de patrimônios inspiracionais do mundo. Nele poderemos receber as mensagens mais nobres, se temos nosso coração inclinado ao bem, à luz, à verdade."

Arthur Joviano

– Neio Lúcio | 16/12/1942 –
(Sementeira de luz, p. 332)

DEDICATÓRIA

À *Maria Amorim Joviano*,
nosso preito de eterno amor e gratidão.

UMÁRIO

APRESENTAÇÃO

No oceano imenso e profundo, que contém a água pura dos ensinamentos espirituais mais vivos trazidos à Terra pelo livro **Sementeira de luz**, da abençoada psicografia de Chico Xavier, nosso irmão *Braz José Marques* converteu-se em autêntico pescador de pérolas.

São as **Pérolas de sabedoria** que o autor espiritual Neio Lúcio nos ofertou pelo cadinho da experiência maior e que nós, da Vinha de Luz, colhemos para a formação de um colar magnífico que, em nome de Deus, dedicamos em forma de livro ao espírito de nossa querida *Maria Amorim Joviano*.

Geraldo Lemos Neto

Belo Horizonte, 27 de novembro de 2013
– Adaptado da primeira edição de 2009 –

REFÁCIO ESPIRITUAL

PARA A FRATERNIDADE

A disparidade flagrante entre a evolução do homem físico e do homem espiritual é a causa profunda de todas as angústias contemporâneas. O progresso científico e industrial dos tempos modernos não encontra o necessário clima moral dentro das atividades humanas para afirmar os seus benefícios. A eletricidade, o avião e a radiotelegrafia eliminaram o sentido da distância, aproximando a família terrestre. As facilidades de transporte e de transmissão do pensamento apagaram as fronteiras e como essas reformas singulares não encontram as legítimas expressões das conquistas morais, contemplamos a arregimentação de todas as forças conservadoras receosas de surpresas inesperadas no caminho das modificações e experiências perigosas. As próprias democracias mais avançadas se organizam, tornando-se arbitrárias, centralizando as fontes de poder. O mundo, dia a dia, com as comodidades da civilização, torna-se cada vez menor e os chefes de governo são verdadeiros chefes de família, embora cada nacionalidade se constitua de milhões de almas, atendendo-se à nova ideologia dos estados. A realidade, porém, é que as leis e sistemas sociais terão que acompanhar o progresso material de todos os povos. Longe de qualquer regime feudalista, o homem seguirá o curso evolutivo de suas conquistas na Terra, caminhando para a perfeita solidariedade. Não é nosso propósito, em falando de fraternidade, fazer a apologia das teorias igualitárias absolutas. Toda igualdade, como toda verdade, tem de se condicionar ao conceito relativo dos valores de cada personalidade, no quadro de suas aquisições próprias dentro das lutas purificadoras. Só a obra cristã nos pode interessar no amplo movimento de educação das almas e o Evangelho de Jesus não preconiza que os ricos do mundo se façam pobres e sim que todos os homens se façam ricos de conhecimento, porque somente nas aquisições de ordem moral descansa a verdadeira fortuna. As nossas afirmativas vêm de salientar a amarga situação do mundo, que não se preparou devidamente para tão agigantadas expressões de progresso material. Todo o planeta se organiza. Há uma série de tendências de regresso aos processos da força, mas os discípulos do divino Mestre devem considerar que só a ele está afeta a direção do mundo. As expressões evolutivas do mundo atual reclamam das nações fortes laços fraternos e é para a solidariedade universal que a humanidade de hoje caminha com todas as suas lutas e com todos os seus sacrifícios.

Emmanuel

Mensagem psicografada por Chico Xavier, no Centro Espírita Luiz Gonzaga, em Pedro Leopoldo | MG, sem referência de data. Compulsada do livro *Deus conosco*, organizado por Wanda Amorim Joviano e Geraldo Lemos Neto. (VINHA DE LUZ, 2. ed., 2009, p. 594)

A

ÉROLAS

ADORNO

"As almas também têm o seu modo de adornar para as festas da verdade e do bem, e esses enfeites divinos, para as santas comemorações dos sentimentos, são encontrados, em sua maior riqueza, na essência divina das lições do Senhor."

Arthur Joviano (Sementeira de luz, p. 227)

AFEIÇÃO

"A Terra (...) tem muitas experiências sublimes, mas a afeição real da vida reside em plano superior."

Arthur Joviano (Sementeira de luz, p. 262)

ÁGUA (FLUIDIFICADA)

"Não esqueçam a água fluida e, à noite, consagrem alguns minutos para a recepção de passes espirituais."

Arthur Joviano (Sementeira de luz, p. 307)

"(...) Deus tem sempre muito a nos dar por intermédio da água pura."

Arthur Joviano (Sementeira de luz, p. 391)

"A água fluidificada é, verdadeiramente, um 'fluido líquido universal para necessidades universais', especializando-se e adaptando-se em caso isolado, porque cada um de nós é portador de possibilidades infinitas e divinas no campo imenso da vida."

Arthur Joviano (Sementeira de luz, p. 499)

"Não deixe o uso da água fluida, que o nosso concurso por intermédio dela é, como sempre, muito eficaz."

Arthur Joviano (Sementeira de luz, p. 513)

ALEGRIA

"A alegria é um tônico para o coração. Recordemos que o Pai nos envia esse tônico, graciosamente, sentindo-Se feliz com os nossos contentamentos."

Arthur Joviano (Sementeira de luz, p. 331)

"Fiquemos com a alegria de quem colocou a vontade do Senhor acima dos próprios desejos, permanecendo no dever cumprido com a honra espiritual."

Arthur Joviano (Sementeira de luz, p. 375)

ALIMENTO

"Há alimento do corpo e da alma e, por vezes, a luta nos obriga a determinado gênero de alimentação espiritual que, positivamente, nos desequilibra de algum modo."

Arthur Joviano (Sementeira de luz, p. 432)

"Na maioria das vezes são necessários a dificuldade, o testemunho mais forte e o obstáculo expressivo para que o coração – como símbolo do sentimento – se abra ao alimento novo."

Arthur Joviano (Sementeira de luz, p. 435)

"Com Jesus, todavia, a alimentação da alma é muito diversa. É necessário que procuremos estampar o Mestre em nós mesmos, seguir-lhe os passos, tomar a cruz."

Arthur Joviano (Sementeira de luz, p. 436)

"(...) com respeito à 'refeição' e à 'mesa', convém não nos esquecermos, meus filhos, de Jesus transformando-se em 'pão simbólico' para a fome de perfeição da humanidade, que se deu à humanidade na mesa da cruz. O ensinamento aqui é muito grande para a meditação."

Arthur Joviano (Sementeira de luz, p. 436)

"*A nutrição do físico e a da alma deve caminhar paralelamente. A mente no corpo sadio, servida por um coração valoroso e terno, é programa de infinita sabedoria. Assim, pois, alimentemo-nos com os nossos pensamentos, estudos, orações.*"

Arthur Joviano (Sementeira de luz, p. 508)

AMIZADE

"*(...) a Bíblia nos ensina que o bom amigo é um tesouro de Deus como luz para o caminho.*"

Arthur Joviano (Sementeira de luz, p. 212)

"*A amizade é uma flor com perfume eterno e esperamos que vocês a cultivem para sempre no jardim do coração.*"

Arthur Joviano (Sementeira de luz, p. 584)

"*A cultura da amizade é, talvez, a questão mais difícil na 'botânica espiritual'.*"

Arthur Joviano (Sementeira de luz, p. 592)

AMOR

"Perdoemo-nos reciprocamente e amemo-nos muito. Compreendamos a lei que é só uma e Jesus nos encaminhará para a redenção pura e suprema."

Arthur Joviano (Sementeira de luz, p. 130)

"No organismo humano, o sangue é a força vital em circulação da vida. Na Terra, a água é o elemento que faz a ressurreição de todas as energias, em movimento incessante. No Infinito, é o amor a doce e eterna luz em circulação no ilimitado da existência."

Arthur Joviano (Sementeira de luz, p. 179)

"(...) os que se amam dispensam as expressões articuladas do mundo. Entendemo-nos pelo coração."

Arthur Joviano (Sementeira de luz, p. 191)

"(...) o amor vence tudo: o tempo, a morte, as quedas e as desilusões, para perseverar com a sua luz imortal sobre as nossas frontes."

Arthur Joviano (Sementeira de luz, p. 229)

"A Justiça poderá alegar sempre seus direitos e exigir as concessões que lhe são devidas, em qualquer parte do mundo, mas o amor tem o poder da transformação e da realização da vida no Universo."

Arthur Joviano (Sementeira de luz, p. 240)

"O que triunfa sobre todas as situações, meus filhos, é o amor, o laço bendito do nosso Pai, que equilibra o Universo."

Arthur Joviano (Sementeira de luz, p. 242)

"O ressentimento une cada vez mais, porém o amor liberta sempre."

Arthur Joviano (Sementeira de luz, p. 246)

"O amor é o grande e maravilhoso segredo. Com ele, esperamos, trabalhamos e vencemos. (...) Para ele, o século é uma figuração, como o milênio vem a ser um minuto."

Arthur Joviano (Sementeira de luz, p. 278)

"O amor tem as suas obrigações, que se convertem nas alegrias permanentes do espírito."

Arthur Joviano (Sementeira de luz, p. 308)

"As batalhas, os atritos formidáveis são pequenas ex-pressões do conflito invisível das forças do planeta. Só o amor pode proporcionar energias continuadas."

Arthur Joviano (Sementeira de luz, p. 310)

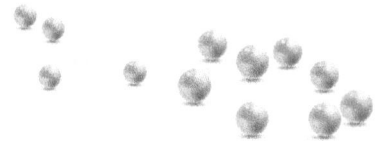

"(...) todos nós, em nos entendendo mutuamente, formamos um edifício sublime, cheio de vida e luz na Espiritualidade, quando o fundamento desse edifício é o amor."

Arthur Joviano (Sementeira de luz, p. 311)

"O amor, meus filhos, é instituição divina demais para que pudesse comentá-lo com frases simples de vocabulário terrestre que, de algum modo, ante a grandeza das definições espirituais, se tornam quase inexpressivas."

Arthur Joviano (Sementeira de luz, p. 323)

"É que onde há manifestação do verdadeiro amor aí existe igualmente a vibração da luz eterna."

Arthur Joviano (Sementeira de luz, p. 420)

"Às vezes, vocês me leem as frases e comumente lhes leio os pensamentos. É o culto do amor que nunca morre. Se fosse possível estendê-lo a todos os lares, fazê-lo vibrar a todos aqueles que amamos, talvez transformássemos a Terra num paraíso de sublime compreensão, porque, em verdade, para cultivar flores tão belas é necessário o esforço do coração e do pensamento."

Arthur Joviano (Sementeira de luz, p. 438)

"(...) o amor de muitos, num só objetivo, reveste-se de grande e milagroso poder."

Arthur Joviano (Sementeira de luz, p. 478)
"Muito sofre quem muito ama e toda a nossa dificuldade reside em não ultrapassar essas fronteiras do amor, atendendo ao mal que provoca, sempre e invariavelmente, longe ou perto."

Arthur Joviano (Sementeira de luz, p. 553)

"Os anjos possuem problemas talvez mais vastos que os enigmas dos homens e a lágrima não pode ser banida do trono paternal da Providência Divina enquanto o amor não celebra nos filhos do céu a sua divina vitória."

Arthur Joviano (Sementeira de luz, p. 662)

ANIMAIS

"Os animais não estão esquecidos. Amá-los é preparar o coração para sentimentos ainda maiores!"

Arthur Joviano (Sementeira de luz, p. 206)

"Uma família de animais pode não assimilar raciocínios, nem alinhavar considerações de ordem humana, porém é digna do mesmo respeito e proteção devidos às obras e seres da Criação Divina."

Arthur Joviano (Sementeira de luz, p. 286)

"Creio que de todas as expressões domésticas, em nos referindo a animais menores, são as aves que mais falta sentem das mãos que as assistem."

Arthur Joviano (Sementeira de luz, p. 336)

"Seu cuidado com os animais encontrará também, com o desenvolvimento dessas novas energias, novos rumos de edificação, não talvez para agora, nos dias que correm, mas para aqui, onde os amigos dos seres inferiores – crisálidas de consciência – encontram vasta oficina de recursos para auxiliá-los na subida da evolução, através da espécie.

Arthur Joviano (Sementeira de luz, p. 567)

ÂNIMO

"A inquietação pelos maus, a aflição pelos incompre-ensivos, a mágoa pelos ignorantes são fantasmas do caminho que devemos eliminar a golpes de bom ânimo."

Arthur Joviano (Sementeira de luz, p. 451)

APERFEIÇOAMENTO

"Amemo-nos muito, esqueçamos o que o passado possa apresentar de inútil ao nosso aperfeiçoamento incessante e fir-memo-nos em Deus."

Arthur Joviano (Sementeira de luz, p. 237)

"Confiemos sempre e sigamos sem medo. Esse deve ser o lema de nossas almas em todas as horas do aperfeiçoamen-to que a luta nos oferece."

Arthur Joviano (Sementeira de luz, p. 535)

AUDIÇÃO

"O inimigo nos ataca fatalmente pelos sentidos, quais os conhecemos aí. A audição, sobremaneira, é sempre uma porta larga a dar acesso aos elementos mais contraditórios e estranhos! Estejamos, pois, em guarda."

Arthur Joviano (Sementeira de luz, p. 289)

AVÓS

"(...) quase sempre a tarefa dos avós é a de unir os júbilos paternos e maternos com as esperanças e alegrias filiais."

Arthur Joviano (Sementeira de luz, p. 262)

"Um avô tão velho quanto eu sente prazer quando pode apresentar aos filhos muito amados alguma coisa útil no setor da vigilância e caminho que lhe foi confiado."

Arthur Joviano (Sementeira de luz, p. 308)

B

ÉROLAS

BEM (O)

"Felizes aqueles que encontram a volúpia da atividade edificadora no caminho! Para estes, as provas são mais leves e os serviços, menos pesados."

Arthur Joviano (Sementeira de luz, p. 109)

"Nenhum esforço sincero no mundo está abandonado por Deus. A tarefa mais obscura, na intenção generosa do amor e do bem, encontra-se interpenetrada pelas Suas influências amorosas de pai justo e bom."

Arthur Joviano (Sementeira de luz, p. 185)

"O bem será dilatado ao Infinito com Deus e o mal terá a vida que lhe imprimir o esforço inconsciente da criatura."

Arthur Joviano (Sementeira de luz, p. 216)

"(...) o espírito de trabalho fornece tônicos desconhecidos do mundo aos que se consagram ao serviço do bem, seja onde for."

Arthur Joviano (Sementeira de luz, p. 292)

"Há inúmeros soldados nos movimentos do mal, entretanto, todos se destinam à transformação em instante oportuno, porque só o bem permanece nos círculos de seleção justa da vida."

Arthur Joviano (Sementeira de luz, p. 292)

"Todo dia é ocasião de aprender o bem e praticá-lo, honrar a Deus e servi-Lo."

Arthur Joviano (Sementeira de luz, p. 443)

BÍBLIA

"Essas páginas são tesouros espirituais que o papel do mundo oculta."

Arthur Joviano (Sementeira de luz, p. 401)

"(...) o Novo Testamento [é] como maravilhoso edifício, cujas torres atravessam a extensão dos céus. (...) Por essa razão, a leitura sagrada nos dias de hoje é mais acréscimo de misericórdia que expressão de trabalho, propriamente dita (...)"

Arthur Joviano (Sementeira de luz, p. 401)

"Subamos, pois, ao edifício da Nova Mensagem para que nosso esforço nas 'terras extensas' se faça mais profícuo."

Arthur Joviano (Sementeira de luz, p. 402)

BOA VONTADE

"(...) lembro as palavras de Cristo: 'Não temas'. Sigamos com a nossa boa vontade de servir e esqueçamos a peçonha que rasteja no mundo. A peçonha sempre atacou indistintamente."

Arthur Joviano (Sementeira de luz, p. 293)

"A vontade daqueles que desejam atender à Vontade Divina constitui elemento vital de garantia no caminho da realização."

Arthur Joviano (Sementeira de luz, p. 399)

"Basta o anseio de caminhar para o Cristo para que nos convertamos em ímãs de suas divinas bênçãos."

Arthur Joviano (Sementeira de luz, p. 463)

BONDADE

"(...) é justo nunca se perca a atitude generosa de quem compreende sempre, desculpando, corrigindo com bondade, amando o trabalho sem opiniões ásperas."

Arthur Joviano (Sementeira de luz, p. 210)

BRASIL

"(...) quanto precisamos trabalhar para que a tranquilidade seja garantida quanto possível. Peçamos a bênção de Jesus para o coração da pátria."

Arthur Joviano (Sementeira de luz, p. 555)

"Atravessamos, coletivamente considerando, uma situação tão anormal, que os maiores absurdos administrativos, procedentes dos altos bastidores humanos, não admiram, nem surpreendem."

Arthur Joviano (Sementeira de luz, p. 563)

"Tempos difíceis, muito difíceis! Pesam sobre a mentalidade dos homens não preparados espiritualmente verdadeiras nuvens de incompreensão, egoísmo, insensatez e indiferença. É necessário muita serenidade para permanecer com a justiça sem sofrimento, em épocas calamitosas quanto esta."

Arthur Joviano (Sementeira de luz, p. 563)

"A revolução brasileira trouxe experiências amargas que golpeiam fundo o espírito dos que pensam e trabalham com a visão maior da realidade. (...) Quando o veneno atinge a cabeça, é difícil pensar em probabilidades de saúde nos outros órgãos. Caminhemos com Cristo. Esse o melhor 'slogan'. Que ele nos ajude e proteja."

Arthur Joviano (Sementeira de luz, p. 563)

"O atrito das ambições e personalismos, da vaidade e do capricho constitui uma série de gigantescos choques no organismo coletivo da vida nacional. É a época cheia de renovações e deslocamentos. Sempre as recapitulações políticas, provocando abalos renovadores."

Arthur Joviano (Sementeira de luz, p. 604)

"Infelizmente, as lutas políticas do Brasil serão cada vez mais fortes nos anos vindouros. É uma fatalidade compreensível num país jovem como o nosso, cuja estrutura não está devidamente consolidada."

Arthur Joviano (Sementeira de luz, p. 605)

"Os embates serão talvez duros, porque os acontecimentos necessários à evolução de uma nacionalidade são, mais ou menos, análogos aos fatos que regem o progresso de um indivíduo. A princípio, o berço acolhedor, a proteção dos pais, a defesa doméstica, o prado risonho, a escola acolhedora, os estudos edificantes e depois..."

Arthur Joviano (Sementeira de luz, p. 605)

"Este o destino da terra brasileira, tão moça ainda, tão moça que ainda não despertou para a grandeza dos dotes que a Providência Divina lhe confiou."

Arthur Joviano (Sementeira de luz, p. 605)

"Compreendendo as lutas formidáveis que se processam nos setores da renovação, ergo (...) os meus votos a Deus por um Brasil não só mais forte, todavia, mais consciente de si mesmo, mais conhecedor das possibilidades próprias. Quando chegará? Não sabemos. Mas confiemos na ação edificante e redentora do Cristo."

Arthur Joviano (Sementeira de luz, p. 605)

"A onda libertária que corre de norte a sul do Brasil é um acontecimento mundial, sob pressão do plano invisível. Há uma incompreensão muito grande na maioria das consciências encarnadas e requer de todos os corações amadurecidos uma atitude paternal e cristã, porque o mal está trabalhando ativamente em quase todos os setores do progresso terreno, exigindo do bem, por isso mesmo, mais intensa vigilância e mais soma de amor. Que Jesus se compadeça da humanidade nestes anos de acertos de contas seculares e milenares."

Arthur Joviano (Sementeira de luz, p. 612)

"(...) que os filhos da grande pátria, que tanto amamos, tenham serenidade e paz, isenção de ânimo e sadia cooperação para colocarem o Brasil na galeria democrática da humanidade."

Arthur Joviano (Sementeira de luz, p. 629)

"Pelo fato de não possuirmos 'infelicidades mesológicas' ou 'sociais', importamos as que flagelam outros países. Adquirimos as questões proletárias da Rússia, compramos desvarios políticos da França, buscamos influências dogmáticas de Portugal e da Espanha (...)."

Arthur Joviano (Sementeira de luz, p. 640)

C

ÉROLAS

CAMINHO (O)

"(...) o melhor caminho em tudo é o caminho do meio, com equilíbrio legítimo de cada coisa, cada palavra e cada situação. Que Jesus nos guarde em sua divina paz."

Arthur Joviano (Sementeira de luz, p. 476)

"Felizes de nós que estamos procurando o caminho mais certo, com o coração iluminado de fé e esperança! Que o Pai nos ajude a prosseguir sem obstáculos de nós mesmos para que a jornada nos seja serena e feliz."

Arthur Joviano (Sementeira de luz, p. 501)

CARIDADE

"Caridade não é a palavra que designa estados de beneficência social, nem sempre orientada a fins justos, mas significa muito mais proteção e esforço do bem para com os necessitados, onde as terras, as plantas e os animais se acham incluídos."

Arthur Joviano (Sementeira de luz, p. 286)

"(...) a esmola costuma prejudicar os que a recebem, sem consideração pelo seu valor. Também o nosso sentimento ativo, dispensado em benefício dos que não se encontram preparados para recebê-lo, com proveito, pode ser nocivo aos que servimos e amamos."

Arthur Joviano (Sementeira de luz, p. 637)

CARINHO

"Não há ser, por mais humilde no mundo, que não agradeça o interesse e o carinho. Uma árvore tem gratidão pela gota d'água que o desconhecido lhe oferta no caminho. Um pássaro sabe ter confiança nas pessoas educadas. Uma galinha conhece a verdadeira afeição."

Arthur Joviano (Sementeira de luz, p. 274)

"Cada coisa tem sua linguagem. Se pudesse o homem do campo observar nas profundezas, reconheceria o entendimento recíproco entre uma abelha e uma flor."

Arthur Joviano (Sementeira de luz, p. 274)

CASAMENTO

"A união espiritual no casamento verdadeiramente espiritual é o maior tesouro que conhecemos."

Arthur Joviano (Sementeira de luz, p. 404)

CÉU

"Os que anseiem pelo reencontro daqueles que os antecederam no túmulo têm de começar, aí mesmo na Terra, o serviço da marcha, como quem deseje penetrar os céus precisará começar por edificá-los na própria consciência – condição única para a aquisição do bilhete de ingresso."

Arthur Joviano (Sementeira de luz, p. 487)

COMPROMISSO

"Nós somos entidades que de algum modo trabalhamos por sair triunfantes de seculares compromissos, muitas vezes misturados de sombra, até que, com a derradeira vitória, possamos participar do esforço divino."

Arthur Joviano (Sementeira de luz, p. 203)

"(...) em verdade, os nossos compromissos espirituais são fachos de luz viva, que os sopros da morte ou a ventania dos séculos não conseguem apagar."

Arthur Joviano (Sementeira de luz, p. 296)

"Relativamente às preocupações de ordem moral, são elas as mesmas companheiras de cada dia. Infelizes de nós se não as tivéssemos. Demonstram nossa possibilidade espiritual de ponderar responsabilidades e compromissos."

Arthur Joviano (Sementeira de luz, p. 331)

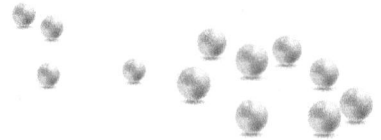

"(...) as realizações mais belas da vida são de alto preço. Um dia vocês observarão de mais perto que os nossos lucros são muito grandes."

Arthur Joviano (Sementeira de luz, p. 463)

"Vamos andando com o Mestre! Um dia mais ativamente, outro com impulso menos forte, em vista dos óbices que nos defrontam, todavia, movamo-nos sempre para a frente."

Arthur Joviano (Sementeira de luz, p. 463)

"(...) um homem, na altura de nossa civilização, detém obrigações muito diferentes da mulher. Há para ele horizontes sempre variados, enquanto que para a mulher, mormente para a que se ergueu em mãe devotada e heroica, o quadro de lutas exige mais dores, renunciações e sacrifícios."

Arthur Joviano (Sementeira de luz, p. 560)

CONFIANÇA

"Não esmoreçamos no labor. Conosco está Aquele que pode o mais e devemos confiar em Seu misericordioso poder."

Arthur Joviano (Sementeira de luz, p. 257)

"Tenhamos confiança em Deus e sigamos. A estrada não é muito fácil e, às vezes, nem sempre agradável."

Arthur Joviano (Sementeira de luz, p. 307)

"As preocupações também vieram ao nosso círculo para servir, mas nós não fomos criados para elas. Ainda aqui lembremos a lição de Jesus, referente ao dia do sábado. E estejamos satisfeitos e confiantes. A certeza de que Deus nos ajuda e que nos envia todas as coisas para o nosso bem é luz permanente em nossas almas."

Arthur Joviano (Sementeira de luz, p. 331)

"Encorajemo-nos e sigamos dentro da vida, de alma confiante em nosso Pai."

Arthur Joviano (Sementeira de luz, p. 371)

"Continuemos, porém, a crer na justiça e permaneçamos firmes. Toda nuvem passa."

Arthur Joviano (Sementeira de luz, p. 372)

CONHECIMENTO

"A nossa ventura não reside só em sabermos ou guardarmos o conhecimento no instante da saúde e da tranquilidade, mas pelo grande motivo de nos sentirmos preparados para a vontade de Deus, em todas as lutas ou esforços, para os quais nós sejamos achados dignos."

Arthur Joviano (Sementeira de luz, p. 168)

"O homem que passa despreocupadamente no caminho comum não vê a flor que lhe enfeita a passagem, o vento que atenua os rigores do sol, a árvore frondosa que estende a sombra amiga."

Arthur Joviano (Sementeira de luz, p. 172)

"A preocupação de conhecimento é uma tarefa santificada e alegre, e a insaciabilidade do espírito na absorção do que vem do Alto é uma sede bendita, porque vem dos planos mais elevados da vida."

Arthur Joviano (Sementeira de luz, p. 183)

"A entrosagem nos conhecimentos da revelação divina enche a nossa alma de possibilidades novas e quando somos compelidos a abandonar os envoltórios da Terra representam a riqueza real, o ouro bendito acumulado no coração à custa de grandes disciplinas e, por vezes, de penosos sacrifícios."

Arthur Joviano (Sementeira de luz, p. 255)

"A maior dificuldade dos que ensinam o Evangelho funda-se justamente na necessidade de dinamização do conhecimento."

Arthur Joviano (Sementeira de luz, p. 429)

"A luz espiritual que cerca a lição gloriosa do Cristo exige visão espiritual também avançada e daí a elaboração de planos educativos que operem a transformação dessa claridade, de modo que atinja os olhos do homem comum sem que a mesma perca a pureza fundamental."

Arthur Joviano (Sementeira de luz, p. 429)

"Está certo que se pregue a verdade, que se concite o homem à procura do reino de Deus, que se convoque a ciência ao sublime concerto, mas é preciso também que se organize demonstrações instrutivas, roteiros adequados e sugestões que se liguem às experiências do campo humano."

Arthur Joviano (Sementeira de luz, p. 429)

"Vivemos numa época – a humanidade desencarnada e corporificada no mundo –, de grandes revelações interiores. Não mais a atitude de quem espera os carros celestiais em pleno céu, mas o entendimento de quem vislumbra uma nova claridade no céu do pensamento."

Arthur Joviano (Sementeira de luz, p. 430)

"É razoável que continuem as atividades propriamente particularistas do Espiritismo em geral, entretanto, falando-se desapaixonadamente, é imprescindível abrir as portas de uma nova oficina aos esforços da fé, de maneira que um movimento tão grande não limite o curso de determinados núcleos doutrinários em matéria de fé."

Arthur Joviano (Sementeira de luz, p. 430)

"O conhecimento evangélico pode ser interpretado à guisa de celeiro vastíssimo de recursos espirituais, instalado nos departamentos do raciocínio. A ciência mais difícil é aquela de afeiçoar semelhantes recursos ao coração."

Arthur Joviano (Sementeira de luz, p. 435)

"Olhos espirituais funcionando significam mente distanciada das regiões mais baixas da vida. A espiritualidade ganha das formas primitivas, a luz vence as sombras, a compreensão atinge zonas novas."

Arthur Joviano (Sementeira de luz, p. 460)

"Não é muito mais feliz o que sabe, o que se fortalece e o que espera compreendendo as bênçãos de Deus?"

Arthur Joviano (Sementeira de luz, p. 484)

"Precisamos levantar sempre mais a nossa mente, crescer para o Senhor e seguir em Sua companhia, porque a alma despreparada não atende ao trabalho divino, qual acontece com o servidor invigilante, que não realiza a tarefa no momento oportuno. Prossigamos, pois, subindo no monte do conhecimento."

Arthur Joviano (Sementeira de luz, p. 498)

"(...) quando mais nos integramos no conhecimento espiritual, mais de perto sentimos a enormidade da nossa importância como indivíduos."

Arthur Joviano (Sementeira de luz, p. 511)

"(...) cada coração guarda paraísos e zonas a serem corrigidos, lutas e sombras, conhecimentos e ausência de conhecimentos, em condições especialíssimas para cada um."

Arthur Joviano (Sementeira de luz, p. 511)

"(...) no reino do espírito, só o que sabe pode auxiliar com eficiência aos que se precipitaram nos abismos."

Arthur Joviano (Sementeira de luz, p. 512)

"Os espíritos sinceros conhecem a extensão do trabalho e entregam-se a ele conscientes de que permanecem num curso onde há muita matéria a ser aprendida e muita experiência a conhecer."

Arthur Joviano (Sementeira de luz, p. 600)

"Um inimigo gratuito é sempre um instrutor. Desse modo, compreendamos a sombra que envolve as criaturas e elevemos os nossos corações bem alto para Deus."

Arthur Joviano (Sementeira de luz, p. 605)

CONTRARIEDADE

"(...) uma contrariedade pode ser portadora de muitos bens, que não chegamos a analisar devidamente na primeira hora."

Arthur Joviano (Sementeira de luz, p. 149)

"Há ocasiões no mundo em que a incompreensão amarga muito na alma, entretanto, que fazer, senão entregar a Deus os detalhes que nos não foi possível atender?"

Arthur Joviano (Sementeira de luz, p. 354)

"Os fatos não doem, por serem os fatos em si. E somente martirizam o espírito por partirem de determinadas fontes. Mas ainda aqui a melhor posição é a de quem se não deixa prender e deixa a cada qual a condução do objeto de preferência individual."

Arthur Joviano (Sementeira de luz, p. 354)

CONVERSAR

"(...) no setor da conversação não perca a sua harmonia verbal, ainda mesmo que os companheiros entusiastas se derramem através de afirmações categóricas para eles, mas menos acordes com a realidade da luta."

Arthur Joviano (Sementeira de luz, p. 550)

"Ainda agora, em que se processam tantas renovações sociais, observa-se que os jovens das escolas superiores oferecem mão forte às discussões. Fuja delas, meu filho! Temos realizações a fazer e não contendas para perder."

Arthur Joviano (Sementeira de luz, p. 550)

COOPERAÇÃO

"Se os encarnados precisam guardar a fé em nosso concurso relativo, também nós necessitamos confiar na cooperação relativa dos entes queridos que se encontram ainda no mundo."

Arthur Joviano (Sementeira de luz, p. 207)

"O trabalho de aperfeiçoamento é indispensável em todos os planos da vida e, desse modo, nossa humilde contribuição, em qualquer cometimento de natureza evangélica, constitui venturosa oportunidade, de que nos aproveitamos com o máximo de amor."

Arthur Joviano (Sementeira de luz, p. 208)

"Tudo passa na Terra, menos a real colaboração com as soluções justas, que, por sua vez, sempre pertencem a Cristo e não a nós outros."

Arthur Joviano (Sementeira de luz, p. 355)

"Quem coopera adquire direitos de falar da obra e, às vezes, os gestos mal interpretados por alguns são justamente os que solucionam problemas referentes à paz espiritual de todos."

Arthur Joviano (Sementeira de luz, p. 360)

"Há muito poucos colaboradores do serviço interessados em contribuir e servir. O movimento mais forte é de oferta e procura. É melhor caminhar sozinho, ou quase sozinho, mas sem ilusões."

Arthur Joviano (Sementeira de luz, p. 360)

"Tudo coopera para o bem dos que amam a Deus."

Arthur Joviano (Sementeira de luz, p. 367)

"(...) a importância da colaboração individual do homem na obra de Deus é mais destacada que parece à primeira vista."

Arthur Joviano (Sementeira de luz, p. 382)

"Procuremos emprestar a nossa colaboração fraternal ainda e sempre, e passemos."

Arthur Joviano (Sementeira de luz, p. 451)

"Que preço pode ter a palavra dos que não cooperam no mesmo serviço?"

Arthur Joviano (Sementeira de luz, p. 541)

CORAÇÃO

"(...) o coração que ama tem sempre imensidade de coisas a dizer."

Arthur Joviano (Sementeira de luz, p. 298)

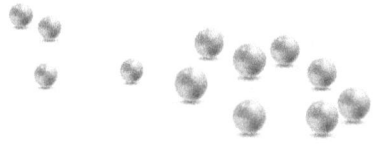

"O coração tem lutas, o cérebro, preocupações. Contudo, é preciso não esquecer que estamos experimentando. Vida definitiva é vitória definida no mapa de serviços redentores."

Arthur Joviano (Sementeira de luz, p. 307)

"Estamos nesse abençoado trabalho de unir, reunir e santificar. Essa certeza alegra o coração!"

Arthur Joviano (Sementeira de luz, p. 307)

CORAGEM

"É o grande caminho da vida. Enquanto muitos se fazem ao mar, com desassombro, a maioria prefere acomodar-se com a praia, onde cresce e se sente sem coragem de seguir sem ela. Para afastar-se, é indispensável coragem, mas a coragem e a resolução firme não pertencem a todos."

Arthur Joviano (Sementeira de luz, p. 273)

"Até que atinjamos os píncaros iluminados das edificações perfeitas estaremos em luta ardente e é indispensável que a coragem seja erguida em nosso espírito, como senha permanente."

Arthur Joviano (Sementeira de luz, p. 293)

CORPO

"Até que o organismo se integre no ritmo da vida terrestre as células são forçadas a muito e intenso trabalho. São abelhas operosas que precisam colher a essência de nossa perseverança e boa vontade, a fim de que tenhamos, afinal, o mel saboroso da saúde equilibrada."

Arthur Joviano (Sementeira de luz, p. 289)

"No corpo físico, quase sempre, somente verificamos a presença ou o valor de um órgão quando há enfermidade. Sem notas de perturbação, não se lembra o homem do fígado ou dos rins."

Arthur Joviano (Sementeira de luz, p. 366)

"No desequilíbrio (...) ou na ameaça de enfermidade, compreendemos a enorme extensão dos valores justos do menor dos departamentos de saúde corporal."

Arthur Joviano (Sementeira de luz, p. 366)

"Aquele conceito de Cristo – 'Nem só de pão vive o homem' – é profundíssimo, porque, em verdade, o homem viverá cada vez sempre menos do pão terrestre e sempre mais do pão celestial. Doloroso problema das almas!"

Arthur Joviano (Sementeira de luz, p. 395)

"O corpo não separa os pensamentos. (...) o templo físico é, de fato, templo, casa sagrada, que se reserva a cada personalidade encarnada para a celebração da vida, através dos atos divinos do amor, do trabalho, da fraternidade, da preparação."

Arthur Joviano (Sementeira de luz, p. 486)

"Não é a corrente que prende aves do paraíso nos rochedos da Terra, à maneira dos antigos símbolos mitológicos, é instrumento divino do qual se deve utilizar com atenção e zelo, igualmente divinos."

Arthur Joviano (Sementeira de luz, p. 544)

"Hoje sei que todas as criaturas poderiam, na maior parte dos casos, prolongar por mais tempo as benditas experiências da Terra."

Arthur Joviano (Sementeira de luz, p. 544)

"O seu trabalho é sagrado, mas seu corpo ainda é muito mais, porque sem ele não há possibilidade de completar o trabalho estabelecido no plano de luta, onde estagiamos."

Arthur Joviano (Sementeira de luz, p. 556)

"(...) o templo das células é divino e não podemos deixar de defendê-lo, enquanto nos sobrem energias nos círculos da encarnação."

Arthur Joviano (Sementeira de luz, p. 557)

"A harmonia do vaso orgânico representa muito para o divino Oleiro. Necessitamos atender com a perfeição possível a esse setor das necessidades que nos são comuns, mesmo porque, embora diferente, possuímos também aqui o nosso 'vaso de manifestação'."

Arthur Joviano (Sementeira de luz, p. 658)

CRISTÃO

"A posição do cristão (...) é a de quem permanece firme para servir seja onde for."

Arthur Joviano (Sementeira de luz, p. 365)

"A luta da Terra será sempre assim e é necessário coragem para a batalha. Esta ainda está muito longe de terminar e não esqueçam que o vencedor não é o general mais afoito, porém aquele que sabe estudar o plano em paz e que o executa sereno."

Arthur Joviano (Sementeira de luz, p. 365)

"(...) há espíritos retos e justos que são sinceros e que oram verdadeiramente unidos à bondade do Senhor. Daí a beleza das realizações que se improvisam, revelando a grandeza da Divina Proteção."

Arthur Joviano (Sementeira de luz, p. 450)

CRÍTICA

"Como você não desconhece, no caminho da vida marcham os que realizam e os que criticam. E os companheiros da estrada estão sempre prontos a examinar, mas nem sempre dispostos às realizações."

Arthur Joviano (Sementeira de luz, p. 173)

CRUZ

"Os homens julgaram erguer uma cruz ao Cristo e deram-lhe escada gloriosa para a ressurreição. O exemplo divino não relaciona conforto superficial. Vai ao âmago de nossa alma quando procuramos apreendê-lo."

Arthur Joviano (Sementeira de luz, p. 368)

"Aí na Terra dói observar como é menosprezada a verdadeira lição da cruz. Dói-nos, sobretudo, verificar a indiferença das massas, a zombaria dos escarnecedores mascarados de religiosos (...)."

Arthur Joviano (Sementeira de luz, p. 450)

"A cruz de Cristo não é símbolo ilusório. Repetir-se-á para todos que se disponham a seguir-lhe os passos."

Arthur Joviano (Sementeira de luz, p. 470)

"Para todo homem que se levante do plano inferior do mundo, erguer-se-á, também, o madeiro. Só os que permanecem de pé podem ser crucificados. É uma lei espiritual de profunda expressão."

Arthur Joviano (Sementeira de luz, p. 470)

"Como não encontrou Jesus lugar na Terra, desde o Natal, dependuraram-no na cruz do sacrifício. Os homens não lhe queriam a presença e o Senhor muito amava a sua obra para exilar-se no céu. E ficou, desse modo, a lição."

Arthur Joviano (Sementeira de luz, p. 470)

"Quem negar-se a si mesmo e tomar a sua cruz para seguir o Mestre encontrará essa região divina-humana do Gólgota, onde cada criatura experimentará o encontro sublime com o Pai Eterno."

Arthur Joviano (Sementeira de luz, p. 470)

D

érolas

DESÂNIMO

"Muitas vezes incompreendido, não se desanime, porque na pauta da Misericórdia Divina tudo está certo e tempo virá em que os frutos da compreensão hão de chegar a amadurecer."

Arthur Joviano (Sementeira de luz, p. 109)

"É preciso não desanimar nunca. Ao cabo de muita luta, descobriremos equilíbrio para todas as coisas."

Arthur Joviano (Sementeira de luz, p. 309)

O serviço de profilaxia espiritual contra o desânimo, dentro de nós, há de ser permanente para que a casa íntima de nosso coração permaneça arejada pelos ares do Senhor.

Arthur Joviano (Sementeira de luz, p. 475)

"Prossigamos confiantes e otimistas. Quem não conhece o desânimo interior caminha com mais facilidade para o êxito."

Arthur Joviano (Sementeira de luz, p. 546)

"O desalento é sempre uma pedra de lamentação, que acentua as lutas daqueles que lhe concedem guarida no campo espiritual."

Arthur Joviano (Sementeira de luz, p. 546)

DESENCARNAÇÃO

"Afigura-se-nos, aos recém-desencarnados, que somos recém-nascidos de um mundo novo e, aos poucos, aflora em nosso íntimo a recordação do passado, com as suas lembranças e as suas realidades."

Arthur Joviano (Sementeira de luz, p. 71)

"Voltando periodicamente para além do túmulo operamos o balanço das conquistas ou das contas pagas. A verdade, porém, é que se uns regressam em boas condições, com outros não acontece o mesmo."

Arthur Joviano (Sementeira de luz, p. 203)

DEVER

"Quando se aproxime de sua tarefa algum amiguinho mais fútil, procure afastar-se com boas maneiras, entendendo que seu coração está procurando coisas sérias que formem seus conhecimentos no futuro."

Arthur Joviano (Sementeira de luz, p. 211)

"Não se fazem vibrações de preces pelos que já não se encontram mais na Terra? Façamos também isso por aqueles que já não permanecem mais conosco, segundo desejariam nos seus venenosos caprichos, mas sim como Jesus Cristo considera justo."

Arthur Joviano (Sementeira de luz, p. 242)

"A atitude tranquila da perfeita confiança no Pai, com os nossos deveres cumpridos, é a bússola rumo ao porto da paz, por cuja conquista vimos sofrendo e caindo, há muitos anos."

Arthur Joviano (Sementeira de luz, p. 243)

"(...) a grande obra é de Cristo. A nossa é cuidar das obrigações diárias e atender aos deveres que nos unem a Deus e aos semelhantes."

Arthur Joviano (Sementeira de luz, p. 274)

"Muita gente se queixa ou se converte em pântano de desânimo, porque não sabe descobrir as possibilidades sublimes e latentes no plano do dever justo (...)."

Arthur Joviano (Sementeira de luz, p. 292)

"Não cuidemos de saber se há possibilidade de ganho na pendência natural, mas regozijemo-nos por haver cumprido um dever."

Arthur Joviano (Sementeira de luz, p. 359)

"A comunhão com Jesus não se resumirá tão-só ao apoio verbal e intelectual. É mais profunda. Reclama de nossa alma a fortaleza para receber a situação áspera, aperfeiçoando-a."

Arthur Joviano (Sementeira de luz, p. 368)

"Cada um de nós (...) tem um dever diante de Deus, para o qual não temos substituto. Cumpramos nossas obrigações, atendendo à Vida."

Arthur Joviano (Sementeira de luz, p. 400)

"Sempre que possível, distribuamos de nossa merenda farta aos que preferem ficar em determinados pontos dos caminhos, e prossigamos sem preocupações pela atitude que preferiram."

Arthur Joviano (Sementeira de luz, p. 405)

"Os indiferentes e absolutamente despreocupados quanto ao dever a cumprir costumam rolar despenhadeiro abaixo."

Arthur Joviano (Sementeira de luz, p. 417)

"Que valeria ao homem ouvir os espíritos que caminham para Deus, sem caminhar, por sua vez? Que proveito teriam as 'boas novas' desaproveitadas? Não seria erro grave chamar a si o Plano Superior para que este regresse ao cultivo da inferioridade? Infelizmente, numerosos departamentos se entregam a posições menos proveitosas."

Arthur Joviano (Sementeira de luz, p. 430)

"Como homens no mundo não podemos, é certo, reverenciar todos os que dirigem as lutas do progresso no setor da personalidade, mas devemos rigoroso respeito aos princípios."

Arthur Joviano (Sementeira de luz, p. 549)

"Há uma alegria oculta em cada dever bem cumprido. E quem atende ao apelo divino, na execução da vontade do eterno Pai, realiza generosas semeaduras no espaço e no tempo, que só a modificação da existência e o curso dos anos podem revelar com precisão em seus detalhes edificantes."

Arthur Joviano (Sementeira de luz, p. 588)

DEUS

"(...) Deus Se nos manifesta através da santa lição da experiência, e Deus nunca tarda."

Arthur Joviano (Sementeira de luz, p. 99)

"A Sabedoria Divina tudo dispôs com êxito e profunda harmonia. O caminho de alguém que muito estude e muito se aplique dá ideia da magnanimidade do Criador."

Arthur Joviano (Sementeira de luz, p. 177)

"(...) Deus visita Seus filhos na ação cariciosa e transformadora dos filhos que já se redimiram."

Arthur Joviano (Sementeira de luz, p. 204)

"Este Pai de Bondade é pródigo de maravilhas e bênçãos celestes! Sua infinita magnanimidade nos rodeia em toda parte!"

Arthur Joviano (Sementeira de luz, p. 329)

"Deus, meus filhos, tem numerosos caminhos para chamar-nos. Os mais infelizes não são os homens que sofrem, são os homens que desatendem."

Arthur Joviano (Sementeira de luz, p. 377)

"A Providência Divina dispôs todas as coisas para o nosso bem. Basta que sintamos a grandeza de Sua infinita bondade para observarmos essa realidade sublime."

Arthur Joviano (Sementeira de luz, p. 464)

"(...) Napoleão, em Santa Helena, nos belos tempos de meditação, concluiu que os homens são usados por Deus nas posições do trabalho, da vitória, da inteligência, da fortuna, do poder e da glória, até quando este mesmo Criador deseja utilizá-los em outros setores mais simples da Sua obra."

Arthur Joviano (Sementeira de luz, p. 630)

DIABETES (O)

"O diabetes não é uma moléstia a se caracterizar tão-só com certas manifestações isoladas. Nem mesmo a medicina oficial conseguiu determiná-lo, de maneira precisa. Classificou como um síndrome generalizado. Não pôde fixar-lhe as origens e nem mesmo a positivação perfeita."

Arthur Joviano (Sementeira de luz, p. 208)

"Mais açúcar, mais fruta, mais farinha, e o sangue, como outros humores, sofrerá influências. Isso é justo."

Arthur Joviano (Sementeira de luz, p. 208)

DIÁLOGO

"As falas do lar são músicas para a alma. As palestras íntimas, as conversações amigas ecoam docemente em nosso espírito quando visitamos a Terra."

Arthur Joviano (Sementeira de luz, p. 276)

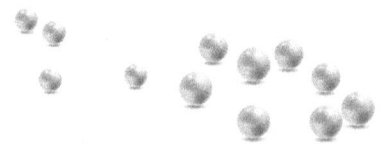

DIFICULDADE

"(...) nós viveremos sempre. Aí ou aqui, encontraremos lutas. Em toda parte vive a oportunidade santa de crescermos em conhecimento para Deus, Pai de todos nós."

Arthur Joviano (Sementeira de luz, p. 143)

"Aprendam, desde já, como vêm fazendo desde muito, a ciência do bem, do grande bem que transforma todas as dificuldades do caminho em luzes para o espírito."

Arthur Joviano (Sementeira de luz, p. 143)

"A luta terrestre, com as suas dificuldades, oculta imensos benefícios."

Arthur Joviano (Sementeira de luz, p. 149)

"(...) os discípulos sinceros do trabalho com Jesus terão de padecer as dificuldades numerosas do caminho. Ainda aqui deveríamos lembrar a palavra do Cristo aos fariseus que o interpelavam: 'Por qual de minhas boas obras me apedrejais?'"

Arthur Joviano (Sementeira de luz, p. 173)

"Deus acima de tudo, e depois a nossa união espiritual, e venceremos qualquer dificuldade, porque compreenderemos os desígnios superiores e estaremos tranquilos."

Arthur Joviano (Sementeira de luz, p. 209)

"(...) o obstáculo, o padecimento, a luta, a tempestade e o trabalho áspero são valores imperecíveis para a vida eterna."

Arthur Joviano (Sementeira de luz, p. 241)

"As dificuldades humanas passam e sobre a Terra muitas situações aparentemente sérias não passam de envoltórios inúteis. A única realidade é a de nosso espírito com os seus patrimônios duradouros."

Arthur Joviano (Sementeira de luz, p. 256)

"Não sofra quando minguem as possibilidades! No obstáculo, o esforço do homem é mais belo e nas facilidades sem significação a alma adormece muito longe de seus objetivos divinos."

Arthur Joviano (Sementeira de luz, p. 286)

"Que problemas não se decidirão à luz de Cristo? Às vezes, vemos na Terra os desvios, as crises, as incompreensões, mas aqui alcançamos um padrão diferente para examinar as situações."

Arthur Joviano (Sementeira de luz, p. 448)

"De todos os lados surgem dificuldades sem conta. Quanto mais se eleva o trabalho, maiores tentações aparecem. Parece fatal semelhante movimentação de lutas que se entrechocam e nos desgastam as forças (...)."

Arthur Joviano (Sementeira de luz, p. 450)

"Há sempre facilidades para o homem que busque materializar as suas aspirações terrestres, mas muitos obstáculos se oferecem à alma que procura espiritualizar as suas esperanças e desejos."

Arthur Joviano (Sementeira de luz, p. 463)

"A criatura muito favorecida pelas facilidades atrofia-se espiritualmente muito depressa."

Arthur Joviano (Sementeira de luz, p. 484)

"No ideal construtivo do sentimento afeiçoado a Jesus, é preciso suportar as dificuldades do caminho áspero."

Arthur Joviano (Sementeira de luz, p. 533)

"Em todas as épocas de nossas experiências devemos ser defrontados pelos obstáculos. A luta é um incentivo santo para a humanidade inteira."

Arthur Joviano (Sementeira de luz, p. 547)

"Os atletas das grandes realizações espirituais devem habituar-se a muitos exercícios na 'barra das dificuldades'. Somente nesse campo de treinamento efetivo é possível recolher os valores da virtude e da edificação íntima."

Arthur Joviano (Sementeira de luz, p. 547)

"Não é fácil conjugar na Terra os recursos espirituais para os trabalhos metódicos e edificantes, na posição atual do mundo. Por isso, louvamos o interesse que vocês colocam neste cometimento e pediremos a Jesus para que os abençoe."

Arthur Joviano (Sementeira de luz, p. 562)

"(...) há bastante amor no céu para que todas as dores e obstáculos, sombras e dificuldades da Terra sejam suavizados, mas não podemos descrer da justiça e a justiça traça neste século um vasto programa de ação na estrada coletiva das multidões."

Arthur Joviano (Sementeira de luz, p. 613)

"Não tenha dúvida. Sob o ponto de vista do imediatismo, não pode você aguardar o coroamento de seus esforços na crosta da Terra. A tarefa por aí ainda é de 'desbastamento', de 'derrubada', de 'limpeza' e de 'preparação'."

Arthur Joviano (Sementeira de luz, p. 653)

"Não temam dificuldades, caminhos ásperos, invernias longas. Todo labor é serviço de abençoada realização para a alma. Toda solução de problema, por mínima que seja, traz consigo nova luz."

Arthur Joviano (Sementeira de luz, p. 656)

DIFUSÃO

"(...) espalhe as luzes que colher. A menor informação aproveitável é semente viva de abençoado progresso futuro."

Arthur Joviano (Sementeira de luz, p. 460)

DIRIGENTE

"Há instituições de 'nosso lado' que determinam pesadas reflexões àqueles que as dirigem, porque a aproximação de criaturas menos afins ou positivamente contrárias é motivo a muitos desequilíbrios e dissabores."

Arthur Joviano (Sementeira de luz, p. 433)

DISCERNIMENTO

"A nossa oportunidade será sempre formosa e infinita, se soubermos andar sempre com a vontade de Deus nas lutas do caminho."

Arthur Joviano (Sementeira de luz, p. 157)

"Seria desarrazoado ensinar, por exemplo, os dez man-damentos a dez esfomeados, em desespero. Primeiramente, há que lhes dar algum pão. Esta é a situação de quem se propõe a qualquer serviço edificante na Terra. Não se fará se exigirmos que todos os beneficiários do serviço sejam reconhecidos e compreendedores."

Arthur Joviano (Sementeira de luz, p. 484)

DISCIPLINA

"Se todos os homens sãos conhecessem, de fato, os bens da saúde, nunca viveriam sem regime, isto é, sem método."

Arthur Joviano (Sementeira de luz, p. 208)

"Digam o que quiserem os tolos do mundo acerca da disciplina. Sem ela, a Terra voltaria à barbárie, à dominação animal, ao primitivismo!"

Arthur Joviano (Sementeira de luz, p. 597)

DISCÍPULO

"O discípulo que fixa o olhar no solo encharcado estará sempre disposto a tarefas difíceis com a lama dos caminhos. Seus desagradáveis respingos lhe podem manchar a roupa, isto é, os sentimentos terrestres como o ciúme, a discórdia, a dúvida enfermiça, o desalento podem perturbar sempre essa alma que não descobriu as perspectivas do Infinito (...)."

Arthur Joviano (Sementeira de luz, p. 188)

"(...) aquele aprendiz que guardou no céu as esperanças do seu humilde olhar é também contemplado pelos céus e as suas oportunidades se multiplicam pelo alto valor que a vida adquire em sua larga e elevada concepção espiritual."

Arthur Joviano (Sementeira de luz, p. 188)

DOENÇA

"Observar certos sintomas não é descobrir a enfermidade. Os sintomas são avisos úteis. A moléstia só aparece, de fato, com as suas características penosas, quando sai das expressões acidentais para avassalar a nossa rotina sagrada."

Arthur Joviano (Sementeira de luz, p. 208)

"Quem se entrega à doença naturalmente residirá com ela nos apartamentos do corpo."

Arthur Joviano (Sementeira de luz, p. 342)

"Quem lhe compreenda as funções educativas ou transformadoras sabe perfeitamente do seu caráter transitório e não lhe permite expansões na zona da alma. Entender semelhantes verdades constitui uma grande realização."

Arthur Joviano (Sementeira de luz, p. 342)

"É imprescindível, na maioria das vezes, atender também aos companheiros desencarnados que rodeiam o enfermo, receoso de perder a ambientação nos fluidos carnais."

Arthur Joviano (Sementeira de luz, p. 397)

"(...) enquanto estamos inquietos dentro de nós, quando na carne, não oferecemos concurso eficiente às forças curadoras e libertadoras que nos cercam. Sem a paz íntima, é difícil curarmo-nos de qualquer mal."

Arthur Joviano (Sementeira de luz, p. 559)

"Quantas vezes adoece alguém, buscando, em vão, a procedência? É bem difícil, de fato, localizar as origens de certos sintomas. Situá-los seria fugir à caridade fraterna e subtrair a pessoa querida ao combate evolutivo que deve sustentar até a vitória final."

Arthur Joviano (Sementeira de luz, p. 601)

DOR

"Muita gente que ouve dizer que a dor é o preço do céu encontra beleza na frase, mas não lhe confere outro valor além da arquitetura literária."

Arthur Joviano (Sementeira de luz, p. 241)

"A dor (...) será sempre proveitosa e beneficente, ainda que nos amarfanhe os corações toda vez que nos ajustarmos ao sentido da eternidade que nos rege os destinos."

Arthur Joviano (Sementeira de luz, p. 502)

"Quando a alma experimenta a soledade e a incompreensão nas zonas mais íntimas, cria um novo desejo e se entrega a novo ideal, ascendendo a novas eminências da jornada espiritual."

Arthur Joviano (Sementeira de luz, p. 615)

"Como temer a dor, se os anjos também lutam e choram? Como repousar, por espírito de fuga, aos compromissos assumidos, se o próprio Jesus ainda está crucificado no coração humano?"

Arthur Joviano (Sementeira de luz, p. 663)

E

Pérolas

EDUCAÇÃO

"A educação é a melhor herança que os pais transmitem aos filhos."

Arthur Joviano (Sementeira de luz, p. 348)

"Continuemos, porém, a viagem, recordando que só atiram pedradas as crianças e os malfeitores. Ora, os meninos crescerão e os malfeitores, mais dia, menos dia, serão entregues à lei."

Arthur Joviano (Sementeira de luz, p. 370)

"Como sabem, a luta não se poderá evitar, mesmo porque educação implica aperfeiçoamento."

Arthur Joviano (Sementeira de luz, p. 405)

"(...) cultuemos a fé e o esforço todos os dias. Não se renasce senão para esse grande e abençoado serviço de educação e resgate para a vida eterna."

Arthur Joviano (Sementeira de luz, p. 582)

"Você nunca perderá por esforçar-se, trabalhar, respeitar, cooperar e obedecer."

Arthur Joviano (Sementeira de luz, p. 597)

ELEVAÇÃO

"(...) precisamos compreender que, de nossa parte, tudo há sido feito por uma união cada vez mais forte e mais justa. Paralisar o nosso esforço não é mais razoável. É necessário passar adiante, na busca das conquistas espirituais com Deus."

Arthur Joviano (Sementeira de luz, p. 201)

"O mundo está repleto de pessoas que falam com vigor, mas sem raciocínios do sentimento de elevação real."

Arthur Joviano (Sementeira de luz, p. 249)

"(...) os homens compenetrados do sentimento de seus mais nobres e justos deveres estão igualmente passando nas situações terrestres, escalando, de dia em dia, de grau em grau, um plano de sublimes ascensões."

Arthur Joviano (Sementeira de luz, p. 251)

"(...) quando trazemos da Terra esse curso de introdução à vida espiritual alcançamos a chave luminosa da fraternidade e da paz, com que conseguimos acertar nos caminhos de elevação."

Arthur Joviano (Sementeira de luz, p. 252)

"É indispensável auxiliar nos serviços imensos e em semelhantes tarefas o ensejo de testemunhar é cada vez mais complexo, porque elevação de ideal ou de pensamento significa dilatação de campo."

Arthur Joviano (Sementeira de luz, p. 316)

"O homem no mundo gasta alguns anos para a aquisição dum simples título profissional, utiliza alguns lustros para alcançar a especialização, mas o curso do espírito na visão divina exige muitos séculos, muitas experiências e reencarnações (...)."

Arthur Joviano (Sementeira de luz, p. 433)

"Servir na Terra sem algemar-se é um ideal alimentado por grandes espíritos daqui, que ainda sonham semelhante conquista."

Arthur Joviano (Sementeira de luz, p. 466)

"À medida, porém, que o homem se eleva torna-se mesmo na Terra quase que totalmente livre dos invólucros do templo. Sua alma é quase independente para aprender, servir e confabular com os que lhe são maiores na vida eterna."

Arthur Joviano (Sementeira de luz, p. 486)

"Nem sempre o que lutou ganha a palma de luz, nem sempre o que sofreu vence a guerra do mal. Todo aquele, porém, que ensinou com Jesus sobe do vale escuro ao píncaro imortal!" [1]

Abílio Machado (Sementeira de luz, p. 519)

---

[1] Do poema de Abílio Machado - *Homenagem ao Professor Joviano* -, psicografado por Chico Xavier em 14 de dezembro de 1944, por ocasião dos 10 anos de retorno à pátria espiritual de Arthur Joviano.

"À medida que se efetue a sua iluminação espiritual mais intensa, mais dificuldade experimentará você nesse campo de interesses materiais. Não tenha dúvida."

Arthur Joviano (Sementeira de luz, p. 599)

"(...) vale a pena sofrer e lutar sempre, com elevação de vistas, com valor moral e com espírito de sacrifício."

Arthur Joviano (Sementeira de luz, p. 663)

EQUILÍBRIO

"O coração não deve viver sem raciocínio. O raciocínio não deve persistir sem o sentimento. A noção de equilíbrio deve ser uma preocupação para nós todos."

Arthur Joviano (Sementeira de luz, p. 417)

ESCOLA

"(...) na época de transição que vocês atravessam a escola padece de certas dificuldades inevitáveis."

Arthur Joviano (Sementeira de luz, p. 330)

"Basta a escola do mundo para quantos compreendem a lição daquele que perdoou e serviu até o fim, ensinando-nos. Não poderia Jesus haver ensinado em vão às nossas almas."

Arthur Joviano (Sementeira de luz, p. 364)

"Aproveitemos a experiência edificante. (...) O essencial é saber receber. O essencial, e mais difícil, reconhecemos. Estamos numa escola abençoada e, por esse motivo, a lição ser-nos-á extremamente benéfica."

Arthur Joviano (Sementeira de luz, p. 367)

ESPERANÇA

"Construamos e reconstruamos, sem perder a esperança. Pode tardar a realização, mas o propósito edificador continua conosco, à maneira de bênção imortal de nosso Pai Imortal."

Arthur Joviano (Sementeira de luz, p. 309)

"Cada criatura escolhe o pano de fundo de sua vida. Alguns preferem o das saudades lamentosas, outros, porém, mais avisados no terreno da fé, escolhem o pano luminoso da esperança."

Arthur Joviano (Sementeira de luz, p. 533)

ESPÍRITA

"A condição de espírita não lhe priva, meu filho, de fazer a sua defesa, sempre que for necessário. O que se torna preciso é saber aliar a energia com a serenidade. Nesse particular, viva sempre com a sua própria consciência."

Arthur Joviano (Sementeira de luz, p. 79)

"Não somos mais o símbolo do 'rico' a pedir água à bondade de Abraão, em súplicas chorosas.[2] Somos a criatura que compreendeu a própria necessidade e procura quebrar os laços da paralisia espiritual, observando Abraão e caminhando ao seu encontro."

Arthur Joviano (Sementeira de luz, p. 384)

"Pouco a pouco, despertará o homem para assenhorear-se de si próprio e os espiritistas, transformados em cristãos novos, deveriam formar na retaguarda dessa posse justa. Esperemos os efeitos e guardemos o florão do ensinamento no mundo que nos é particular."

Arthur Joviano (Sementeira de luz, p. 430)

ESPIRITISMO

"A escola evangélica em que, presentemente, nos matriculamos, é de profundo realce para nós, isoladamente. Saibamos entender-lhe os valores essenciais e hão de ver comigo, mais tarde, a relevância desse assunto."

Arthur Joviano (Sementeira de luz, p. 268)

ESPÍRITO

"Tudo passa em transformações para o que é útil à vida legítima e real do espírito."

Arthur Joviano (Sementeira de luz, p. 268)

---

[2] Lucas, 16: 19-36.

"(...) se a necessidade de proteção e desenvolvimento para o corpo é importante, essencial para a vida do homem deve ser a defesa e o crescimento de nossa organização espiritual."

Arthur Joviano (Sementeira de luz, p. 345)

ESPIRITUALIDADE

"A esfera invisível é um campo de serviços, por vezes, ásperos, mormente em nos referindo a essa imensa 'habitação imediata' dos recém-desencarnados, junto aos fluidos da humanidade terrena."

Arthur Joviano (Sementeira de luz, p. 316)

"A esfera espiritual tem também a sua elegância e a sua disciplina, o seu silêncio magnânimo e a sua atitude superior. Não têm permissão, mesmo os impulsivos mais nobres, de aceitar as luvas que lhe são atiradas da esfera inferior."

Arthur Joviano (Sementeira de luz, p. 478)

"As surpresas aqui são de molde a espantar os próprios espíritas, no tocante a trabalho e realização. Ai daqueles que não trazem, pelo menos, a alfabetização primária do espírito em serviço!"

Arthur Joviano (Sementeira de luz, p. 483)

"(...) um dia a realidade espiritual ensina como é cruel dirigir-se a criatura humana para as estações de 'Parte Nenhuma' e como lhe dói a permanência nas 'Terras de Ninguém'."

Arthur Joviano (Sementeira de luz, p. 498)

"(...) no campo da espiritualidade superior as possibilidades e experiências novas são ilimitadas."

Arthur Joviano (Sementeira de luz, p. 554)

"(...) o Além-túmulo não é região privilegiada dos que sabem fazer formosas orações e sim a zona para a qual a vida se transfere com os seus cuidados e bênçãos, preocupações e alegrias, lutas e tréguas, risos e esperanças, onde a alma, insaciável obreira de Deus, prossegue amando e trabalhando, enriquecendo a si mesma e atendendo ao próximo."

Arthur Joviano (Sementeira de luz, p. 562)

"Bom é trabalhar na Terra, honrando as nossas obrigações, mas é muito melhor trabalhar na Espiritualidade desde aí, unindo os valores do mundo material e da esfera espiritual na mesma vibração de construtividade."

Arthur Joviano (Sementeira de luz, p. 567)

A existência do homem no campo do mundo é a expressão transitória na esfera das coisas mutáveis. A espiritualidade da criatura, porém, é a sua fonte vital. Nela haure forças, compreensão, faculdades, poderes, aquisições, com que se projeta na tela movimentada dos círculos materiais.

Arthur Joviano (Sementeira de luz, p. 610)

ESPOSA

"A esposa, muitas vezes, deve, em algumas circunstâncias, errar com o seu marido, mas nunca acertar contra ele."

Arthur Joviano (Sementeira de luz, p. 113)

"Ser esposa, ser mãe é guardar duas glórias para Deus e trazer duas tarefas pesadas para com o mundo."

Arthur Joviano (Sementeira de luz, p. 424)

"O homem sempre há de cumprir o 'culto profissional', mas a dona do lar 'tem variados cultos' a atender. São múltiplos e complexos."

Arthur Joviano (Sementeira de luz, p. 425)

"Sem que ela presida os serviços de alimentação, da conversação, do ensinamento, dos exemplos, das atitudes, da paz doméstica, do sacrifício silencioso, e outros muitos, nada se faz no templo familiar."

Arthur Joviano (Sementeira de luz, p. 425)

ESTUDO

"A Sabedoria Divina tudo dispôs com êxito e profunda harmonia. O caminho de alguém que muito estude e muito se aplique dá ideia da magnanimidade do Criador."

Arthur Joviano (Sementeira de luz, p. 177)

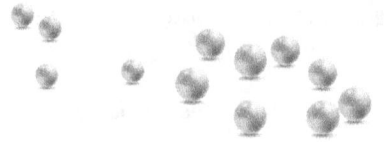

"A digestão do pão do testemunho é laboriosa e, por vezes, amarga. Entretanto, filhos, o Evangelho não tem ensinos sem significação."

Arthur Joviano (Sementeira de luz, p. 368)

"Continue estudando, trabalhando e esperando em Cristo. Cada realização virá a seu tempo, desde que não se descuide você dessa trilogia de estudo, trabalho e esperança."

Arthur Joviano (Sementeira de luz, p. 506)

"É muito confortador para nós contribuir para a formação de um novo campo de estudo e realização dentro do Espiritismo comum."

Arthur Joviano (Sementeira de luz, p. 562)

"Examine atenciosamente as matérias do curso e faça uma distribuição equitativa de suas possibilidades entre todas, sem permitir o desequilíbrio na aquisição de cada uma. Para isso, aproveite um bom explicador, que oriente os seus passos, acentuando as suas energias e possibilidades."

Arthur Joviano (Sementeira de luz, p. 596)

"Cada dia de lição é um período de marcha. (...) Vamos para a frente!"

Arthur Joviano (Sementeira de luz, p. 596)

ETERNIDADE

"Os elos que nos unem não estão circunscritos a uma cadeia estreita de tempo, mas sim perdem-se na sucessão de tempos infinitos."

Arthur Joviano (Sementeira de luz, p. 177)

"A existência terrestre, para todos nós, é uma grande senda para entradas e saídas. Felizes de nós que vimos procurando o encontro nos caminhos diversos do espírito. Esse é o encontro sublime da Eternidade, porque, no que se refere à esfera das formas, a vida está cheia desses fenômenos de chegadas e partidas."

Arthur Joviano (Sementeira de luz, p. 274)

"E a nossa edificação espiritual continua sempre. As estações de chegada e partida se alternam, o desprendimento do corpo nos obriga a traçar programas novos, no entanto, a essencialidade é a mesma, a vida é a mesma, os objetivos não são diferentes!"

Arthur Joviano (Sementeira de luz, p. 296)

"Um dia cantaremos juntos, sob a árvore da Eternidade, o hino da redenção e das alegrias imortais.(...) Essa certeza divina aclara estradas e santifica o coração."

Arthur Joviano (Sementeira de luz, p. 297)

"No lar da Eternidade os laços afetivos tornam-se cada vez mais belos, elevando-nos para Deus, a fonte sublime de todo amor."

Arthur Joviano (Sementeira de luz, p. 584)

EVANGELHO (No lar)

"O culto doméstico da Bíblia é das forças mais poderosas, primeiramente para o coração, em seguida para o lar."

Arthur Joviano (Sementeira de luz, p. 253)

"É verdadeira alimentação da alma, porque tal qual acontece na mesa comum não é bastante servir-se, é preciso servir-se bem, mantendo a saúde, com todos os requisitos necessários (...)."

Arthur Joviano (Sementeira de luz, p. 253)

"O culto familiar é uma praia de sublime repouso e de santo alimento. O ensinamento sagrado transforma-se em companhia incessante, é luz de cada minuto a esclarecer os problemas obscuros da Terra e a revelar os caminhos necessários."

Arthur Joviano (Sementeira de luz, p. 255)

"(...) o culto doméstico do Evangelho é das mais delicadas expressões de amor que conhecemos aqui."

Arthur Joviano (Sementeira de luz, p. 305)

"É alguma coisa divina essa labareda no lar, simbolizando a chama perene da fé, que deve acender-se para sempre em nossos corações."

Arthur Joviano (Sementeira de luz, p. 378)

"Parece sem importância o ato de se reunir uma pequena família para a comunhão com o plano invisível, tantas horas por semana, em torno de serviços mais simbólicos que tangíveis, no campo expressional dos pequenos acontecimentos domésticos, entretanto, semelhante reunião é fundamental!"

Arthur Joviano (Sementeira de luz, p. 487)

"Se todos os homens soubessem o valor do cultivo da espiritualidade, se todos apreendessem a grandeza das verdades que nos aguardam além da morte física, não faltaria o culto do espírito em cada residência isolada."

Arthur Joviano (Sementeira de luz, p. 490)

"Os benefícios são imensos! Não nos referimos tão-somente aos de ordem invisível. Todavia, muito mais aos de natureza tangível no próprio mundo terrestre. A saúde orgânica, a harmonia doméstica, a diretriz na vida comum, a lâmpada do pensamento esclarecido (...)."

Arthur Joviano (Sementeira de luz, p. 490)

"(...) a verdade cristianizadora e a luz para a tarefa diária não são artigos de aquisição nos mercados com base no ouro terreno, mas sim valores adquiridos nos mercados do espírito, através do culto sincero nas lições de Jesus, com início no templo do lar."

Arthur Joviano (Sementeira de luz, p. 490)

EVANGELHO

"À nossa frente desenham-se as linhas do continente imortal, que é o Evangelho aplicado. Antigamente, buscávamos enriquecer patrimônios em uma terra nova. Hoje, porém, estamos buscando a região sagrada, a 'terra prometida' do espírito."

Arthur Joviano (Sementeira de luz, p. 246)

"O nosso coração vai aprendendo a selecionar, naturalmente, e o Evangelho é o grande centro comparativo, o padrão de sentimentos e apreciações mais justas."

Arthur Joviano (Sementeira de luz, p. 252)

"A leitura sagrada não pode ser uma ondulação de superfície. É indispensável penetrar os textos, alcançar-lhes o sentido essencial, de outro modo poderemos assistir a muitos espetáculos, mas nunca passaremos do banco estacionário dos assistentes."

Arthur Joviano (Sementeira de luz, p. 253)

"É bem significativa a primeira visão que o Evangelho nos sugere, apresentando o Salvador em local convertido num estábulo, entre pastores que não passavam de tratadores para os nossos dias."

Arthur Joviano (Sementeira de luz, p. 287)

"O Evangelho, pois, é uma luz eterna e sublime. Antigamente, suas lições soavam-nos no ouvido como acervo de palavras avelhantadas, sem curso na linguagem moderna do mundo. Entretanto, faça-se algum pequenino raio de desenvolvimento espiritual em nós e as suas lições surgem como cachoeiras prodigiosas de rios ocultos (...)."

Arthur Joviano (Sementeira de luz, p. 304)

"Graças aos poderes superiores, fomos ao Evangelho e o Evangelho veio a nós. Esse é o fenômeno que interessa. Os outros acontecimentos terrestres são destinados ao jogo artificioso de circunstâncias passageiras."

Arthur Joviano (Sementeira de luz, p. 304)

"O amor ao Evangelho (...) é uma estação de luz da alma em trânsito para revelações eternas, revelações que muita gente aguarda a morte do corpo para adquirir, mas que, em verdade, vai sendo conquistada pelo espírito, cada dia, tanto aí na Terra quanto aqui, onde nos encontramos."

Arthur Joviano (Sementeira de luz, p. 326)

"Deus nos conceda forças para prosseguirmos nas descobertas dos valiosos tesouros inacessíveis ao câmbio terrestre e à ação das traças."

Arthur Joviano (Sementeira de luz, p. 327)

"Quando o Evangelho nos diz que digno é o trabalhador do seu salário, não alude somente a compensações de natureza material e sim, também, ao salário da paz íntima."

Arthur Joviano (Sementeira de luz, p. 357)

"O Evangelho confere ao nosso espírito a característica de ouvir no íntimo, onde a recepção auditiva do corpo não pode atingir."

Arthur Joviano (Sementeira de luz, p. 379)

"(...) Evangelho do Cristo não é um museu de ideias, onde muitos procuram os 'fósseis religiosos', separando idades na esfera evolutiva. É sim aquela vinha vigorosa, cheia de trabalhadores fiéis e infiéis, dedicados e preguiçosos (...)."

Arthur Joviano (Sementeira de luz, p. 382)

"(...) um Senhor amoroso, mas vigilante, e que nunca trairá a promessa do 'cada um por suas obras', (...) conforme a cooperação prestada e segundo a qualidade dessa mesma cooperação."

Arthur Joviano (Sementeira de luz, p. 382)

"A viagem é longa, as estradas nem sempre suaves, mas se consultarmos atentamente o roteiro de Cristo, que é o Evangelho divino de seu divino amor, atingiremos o objetivo essencial sem desastres ou surpresas angustiosas."

Arthur Joviano (Sementeira de luz, p. 405)

"Grande é a luta e só o Evangelho é a fonte regeneradora."

Arthur Joviano (Sementeira de luz, p. 483)

"É cruel encontrar-se o homem desencarnado sem ideal, sem bússola, sem instrumento, sem roteiro!"

Arthur Joviano (Sementeira de luz, p. 483)

"Cada dia no Evangelho é um novo marco na edificação de nossas almas para a vida eterna. Gastamos muitas experiências e perdemos muito tempo para descobrir semelhante tesouro de valores espirituais."

Arthur Joviano (Sementeira de luz, p. 497)

"Muitas dores vencidas, muitas lágrimas derramadas, muitas sombras desfeitas constituem o panorama que ficou para trás, com a ajuda do Altíssimo. São muitíssimos, incontáveis, talvez, os companheiros que se dispuseram às aquisições que realizamos agora."

Arthur Joviano (Sementeira de luz, p. 497)

"Temos nossas arcas cheias de pão espiritual para a jornada! E enquanto o mundo velho faz e desfaz, experimenta e torna a experimentar, através de recapitulações pesadíssimas, conduzamo-nos no caminho redentor do Evangelho, abrindo novas fontes de luz em nossos corações."

Arthur Joviano (Sementeira de luz, p. 498)

EVOLUÇÃO

"As expressões materiais que passam na luz e no amor elevam-se ao Infinito para constituirem a nossa paisagem da Eternidade, nos perenes caminhos evolutivos."

Arthur Joviano (Sementeira de luz, p. 163)

"As almas evoluem também com as instituições que lhes vestem as ideias. (...) Não podem se libertar de seus prejuízos, em vista do fanatismo a que se devotam e só aqueles que violentam a si próprios conseguem desferir certos voos."

Arthur Joviano (Sementeira de luz, p. 273)

"Cada alma precisa sua praça de armas interiores para defesas justas. Sem isso não seria possível a vitória evolucionista."

Arthur Joviano (Sementeira de luz, p. 376)

"A verdadeira caminhada humana, meus filhos, não se faz com os pés. A civilização não tem semelhantes membros. A jornada é da mente, o caminho se desdobra aos sentimentos e ideias, às concepções e raciocínios."

Arthur Joviano (Sementeira de luz, p. 385)

"(...) os caminhos que o homem traçou com 'a cabeça e o coração', pensando e agindo, idealizando e edificando, lutando e sofrendo, estes são as verdadeiras sendas da alma, ou para cima, ou para baixo."

Arthur Joviano (Sementeira de luz, p. 385)

"A evolução não age através de precipitações. Tenhamos calma e continuemos trabalhando."

Arthur Joviano (Sementeira de luz, p. 447)

"Em toda parte defronta-nos o estado evolutivo de cada um. O ignorante não é mau deliberadamente, mas porque não sabe. O fraco recua nos grandes momentos, porque lhe falta forças. O infeliz se revolta, não por perversidade, mas porque é pobre de confiança e fé."

Arthur Joviano (Sementeira de luz, p. 484)

"Aqui poderemos falar de evolução por afinidade, mas aí na superfície do planeta a lei é diferente, a evolução opera-se através de contrastes e desarmonias aparentes."

Arthur Joviano (Sementeira de luz, p. 534)

"O romance da redenção é divino e o drama da evolução é eterno."

Arthur Joviano (Sementeira de luz, p. 598)

EXPERIÊNCIA

"Estamos sempre nas experiências diversas, sejam de resgate ou de elevação, nas vanguardas ou nas retaguardas de combate."

Arthur Joviano (Sementeira de luz, p. 293)

"O serviço é assim mesmo – uma experiência viva, com a purificação do fogo e com a bênção de paz celeste para quem deseje executá-lo ponderando a vontade excelsa de Deus."

Arthur Joviano (Sementeira de luz, p. 324)

"Há sempre que aprender no livro diário da experiência humana."

Arthur Joviano (Sementeira de luz, p. 336)

"A tempestade saneia, a dor corrige, o trabalho educa, a perseverança aprende, o sofrimento agravado purifica sempre. É preciso levar esses ensinamentos em conta para sabermos como extrair os tesouros da experiência."

Arthur Joviano (Sementeira de luz, p. 484)

"As lutas de nosso meio são grandes e, na verdade, quanto mais se nos acentuam as experiências mais cautelosos nos tornamos na conjugação dos verbos revelar, dar e prometer, importantíssimos para a tranquilidade dos desencarnados. Não somente importantíssimos, verdadeiramente substanciais!"

Arthur Joviano (Sementeira de luz, p. 496)

"O Senhor estará conosco em todos os trabalhos da experiência humana. Repetindo as velhas e belas ideias do salmo de Davi: 'Ainda que estejamos no vale da sombra e da morte, não temeremos mal algum'."[3]

Arthur Joviano (Sementeira de luz, p. 507)

"Cada um de nós é portador de patrimônios e experiências próprias, senhor de tendências peculiares ao nosso passado remoto, interessado em realizações diversas entre si."

Arthur Joviano (Sementeira de luz, p. 511)

"Todas as nossas especializações de tarefa na Terra não representam mais que experiências mais completas, em cada setor de serviço, para que nos integremos, de fato, no todo das atividades divinas, em qualquer situação e em qualquer parte."

Arthur Joviano (Sementeira de luz, p. 512)

---

[3] Salmo 23.

Não olhe para trás como quem encontra 'claros', que talvez pudessem ter sido preenchidos nos primeiros tempos da mocidade. Se contemplar o passado, não retire dele senão o 'pólen' das experiências para fecundar as novas ideias de hoje."

Arthur Joviano (Sementeira de luz, p. 533)

"As grandes equações da fé religiosa, as profundas e santas diretrizes espirituais, como os alicerces de grandes edifícios, pedem igualmente amplitude de bases."

Arthur Joviano (Sementeira de luz, p. 537)

"Os obstáculos ensinam fixando a lição, o que nem sempre acontece com as simples palavras que objetivam ensinamento."

Arthur Joviano (Sementeira de luz, p. 617)

F

érolas

FAMÍLIA

"Nos grupos familiares, meu filho, existem aqueles que precisam personificar a energia e o equilíbrio para os demais."

Arthur Joviano (Sementeira de luz, p. 96)

"O instituto da família tem os seus cadinhos purificadores e essas lutas íntimas temperam melhor a vontade de realizar o bem e de construir a compreensão perfeita entre todos."

Arthur Joviano (Sementeira de luz, p. 112)

"Aquela heterogeneidade de tendências, aquela diversidade de temperamentos, tudo tem suas causas profundas e insondáveis para a maioria dos componentes de nossa caravana familiar."

Arthur Joviano (Sementeira de luz, p. 243)

"A missão e o aconchego da família são realizações divinas, pelas quais nunca poderemos render as graças merecidas."

Arthur Joviano (Sementeira de luz, p. 288)

"São tesouros de inapreciável valor e que grandes massas de irmãos nossos da esfera invisível para o mundo transitório vivem disputando fervorosamente, vendo as suas aspirações sempre adiadas."

Arthur Joviano (Sementeira de luz, p. 288)

"A tarefa em família é um trabalho de Deus."

Arthur Joviano (Sementeira de luz, p. 288)

"As reuniões familiares são sempre inspiradas e belas. Falam do passado, iluminam o presente e prometem a felicidade do futuro."

Arthur Joviano (Sementeira de luz, p. 542)

"(...) as palavras da prudência doméstica representam luzes no caminho dos que partem à procura das realizações legítimas da evolução. Trabalhemos confiantes em Deus."

Arthur Joviano (Sementeira de luz, p. 559)

"A família é um relicário de misterioso e sublime poder, onde as energias divinas operam em nome de Deus para que todos os horizontes se dilatem na direção do aprimoramento final."

Arthur Joviano (Sementeira de luz, p. 614)

"O serviço da iluminação familiar é também como o cultivo de determinado campo. O pai do agrupamento doméstico enfrentará sol e chuva para que o progresso coletivo se faça sem impedimentos de vulto e aqueles filhos que o ajudam, de mais perto, interessados no mesmo esforço, por certo receberão maior quota de alegria em comum."

Arthur Joviano (Sementeira de luz, p. 657)

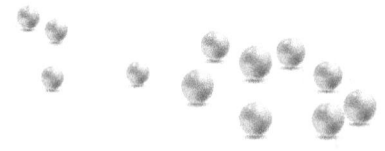

FÉ

"A nossa grande fortuna, a que não perece, e cujos valores intrínsecos são inalienáveis, é essa da fé e do conhecimento espiritual com base nos santificados laços espirituais."

Arthur Joviano (Sementeira de luz, p. 171)

"Como realizar alguma coisa de boa e de útil se não podemos depositar a fé naqueles que se aproximam de nossa ação?"

Arthur Joviano (Sementeira de luz, p. 207)

"A fé é a chave. Procuremos todos nós abrir a porta. Cada dia de trabalho bem vivido é uma volta solene na fechadura que nos separa das esferas superiores."

Arthur Joviano (Sementeira de luz, p. 263)

"(...) 'Batei e abrir-se-vos-á'. Não façamos ruído na solicitação à porta de Deus. Esforcemo-nos em silêncio, devagarinho, como permitam as nossas energias, e quando menos esperarmos teremos chegado ao 'continente da luz que não se apaga'."

Arthur Joviano (Sementeira de luz, p. 263)

"As preocupações propriamente humanas vão desaparecendo para oferecer lugar à maior confiança no Todo-Poderoso."

Arthur Joviano (Sementeira de luz, p. 268)

"Quantas lutas atormentam corações mundo afora? Quantas lágrimas se represam nos olhos de quantos perderam o dom de entender o céu? Ah! É preciso desdobrar-se na vida espiritual, a fim de compreender isso."

Arthur Joviano (Sementeira de luz, p. 299)

"(...) os que souberem guardar a fé, meus filhos, serão salvos por si mesmos, porque atingiram a montanha da certeza bendita em Jesus."

Arthur Joviano (Sementeira de luz, p. 299)

"Tudo tem seu proveito, sua fase útil, sua luz. Bastará descobrirmos o lado bom e a marcha diária representa invariavelmente a jornada para Deus."

Arthur Joviano (Sementeira de luz, p. 301)

"Antigamente, os religiosos mantinham as fogueiras vivas, alimentando o fogo sagrado que se destinava aos sacrifícios. Hoje, meus filhos, o fogo santificado é aquele da fé que nos reconforta os corações e ao invés de sacrifícios dos animais inocentes e inermes vamos examinando e selecionando desejos ao seu clarão e ao seu calor."

Arthur Joviano (Sementeira de luz, p. 302)

"(...) a fé não representa realização ocasional e sem importância. É construção com material eterno. Ora, toda edificação requisita base. E o alicerce, nos casos morais, constitui-se da força para conservar o que se adquiriu."

Arthur Joviano (Sementeira de luz, p. 366)

"Nem mesmo os espinhos no coração chegam a representar muito ao nosso espírito quando temos a dádiva da verdadeira fé."

Arthur Joviano (Sementeira de luz, p. 374)

"Só mesmo a fé conseguirá remover tantas montanhas de necessidade geral, em todos os setores para os quais voltemos os nossos olhos."

Arthur Joviano (Sementeira de luz, p. 391)

"Há que cuidar do corpo convenientemente, com a segurança da homeopatia ou com as defesas alopatas, sem nos esquecermos, porém, das muralhas da fé viva."

Arthur Joviano (Sementeira de luz, p. 393)

"Quem não crê em nossa cooperação espiritual cerra-nos a porta do sentimento e por mais que desejemos penetrar somos compelidos a fugir de qualquer violência."

Arthur Joviano (Sementeira de luz, p. 439)

"A crença de ordem exterior que tudo espera dos milagres externos, sem usar as possibilidades próprias, abandona a criatura na primeira dificuldade, deixando-a sem rumo nas ocasiões de tormenta."

Arthur Joviano (Sementeira de luz, p. 439)

"Isolávamos o Senhor nos altares, banindo-o de nossos corações e, hoje, temos de nos arrimar ao bordão da fé viva, romper o cipoal de nossas criações individualistas, voltar à estrada real e ir-lhe ao encontro."

Arthur Joviano (Sementeira de luz, p. 439)

"Vocês não podem calcular ainda o imenso benefício da fé sincera, pura, ardente, fé que modifica sem cessar o coração, sem que nós mesmos percebamos, que nos transporta a mais altas regiões do conhecimento, sem que assinalemos as dificuldades do caminho."

Arthur Joviano (Sementeira de luz, p. 441)

"É muito fácil cultivar os interesses imediatos, mas extremamente difícil conservar os dons do Pai."

Arthur Joviano (Sementeira de luz, p. 462)

"Com a bússola da fé, o homem, viajante do planeta, descobre cada dia continentes novos, onde retempera o sentimento e robustece a inteligência."

Arthur Joviano (Sementeira de luz, p. 478)

"Ai (...) daqueles que viajam sem rumo! A presunção é-lhes a companheira infiel de todos os minutos, o orgulho, a sua veste, o egoísmo, a sua crosta impenetrável! Não sabem ver, nem ouvir e os seus movimentos são impulsos para a morte."

Arthur Joviano (Sementeira de luz, p. 478)

"A fé constitui a maior luz para o cérebro e a maior bênção para o coração."

Arthur Joviano (Sementeira de luz, p. 478)

"A fé no futuro é a saúde do espírito."

Arthur Joviano (Sementeira de luz, p. 549)

"Os nossos amigos do campo sectário não conseguem compreender o programa confraternizador da verdadeira fé. Sabem, tão-somente, por vezes, disputar apaixonadamente ou jogar com o cabedal da simpatia exclusivista."

Arthur Joviano (Sementeira de luz, p. 595)

FELICIDADE

"Há muita gente enganada no mundo, acreditando em fantasias da felicidade nas situações exteriores. As ruas estão cheias de máscaras."

Arthur Joviano (Sementeira de luz, p. 248)

"A felicidade reside no amor bem vivido. Não chegamos ainda às últimas praias, às supremas regiões dos vencedores, mas a glória da união começa e sentimo-nos mais fortes."

Arthur Joviano (Sementeira de luz, p. 297)

"O trabalho é agora e nós temos as suas bênçãos. A ventura integral é para amanhã, como a desventura ficou no dia de ontem."

Arthur Joviano (Sementeira de luz, p. 297)

"A felicidade do espírito é criar mais vida e mais amor e enquanto se adubam certos campos realizam-se semeaduras em outros."

Arthur Joviano (Sementeira de luz, p. 408)

"Não será felicidade conhecer o local escuro, onde se demora esse ou aquele irmão, no sentido de lhe ser útil de alguma sorte?"

Arthur Joviano (Sementeira de luz, p. 484)

"Poderemos comungar, mais intensamente, da afetividade de tantos séculos, através do intercâmbio permanente nos domínios do espírito. A felicidade íntima, a essa altura da compreensão, é infinita pelos doces mistérios do amor que nos vibram nas almas."

Arthur Joviano (Sementeira de luz, p. 487)

FIDELIDADE

"(...) É verdade que ainda não temos a desejada fidelidade ao Cristo, mas já não é pouco examinarmos em consciência sadia os nossos desejos, marchando serenamente para a meta a atingir."

Arthur Joviano (Sementeira de luz, p. 199)

"Jesus valoriza com razão o trabalho das almas fiéis na superfície terrena, porquanto, a todo instante, a realização cristã no espírito encarnado sofre ameaças de vulto. A dúvida ataca o serviço da crença sincera, o mal procura fazer sombra ao bem, a calúnia persegue a dignidade (...)."

Arthur Joviano (Sementeira de luz, p. 421)

"Não basta ser fiel aos princípios terrestres mais respeitáveis. É necessário, igualmente, ser fiel a Deus no íntimo santuário da consciência."

Arthur Joviano (Sementeira de luz, p. 443)

FILHOS

"A tarefa de preparação moral dos filhos que Deus nos concede ao instituto familiar é transcendente demais para que desejemos solucioná-la tão-só com os nossos bons desejos."

Arthur Joviano (Sementeira de luz, p. 170)

FLUIDOS

"A intensidade de fluidos e ideias (...) impedem, como é natural, a dilatação dos olhos da alma, estabelecendo conflitos muito sérios na observação, na visão, na interpretação e nos sentimentos."

Arthur Joviano (Sementeira de luz, p. 453)

FRATERNIDADE

"O egoísmo prende, mas o sentimento fraternal renova as luzes na perfeita emancipação espiritual."

Arthur Joviano (Sementeira de luz, p. 246)

FUTURO

"Que Deus nos ajude sempre a apagar sombras do passado e a acender novas luzes no presente. Assim agindo, o futuro ser-nos-á sempre risonho e promissor."

Arthur Joviano (Sementeira de luz, p. 408)

"Quem planta colherá. Desse modo, o porvir dos semeadores do bem está traçado no Infinito do mapa da vida."

Arthur Joviano (Sementeira de luz, p. 408)

G

Pérolas

GRATIDÃO

"Agradeçamos ao Mestre a possibilidade de serviço que sua magnanimidade nos conferiu."

Arthur Joviano (Sementeira de luz, p. 243)

H

ÉROLAS

HARMONIA

"A harmonia no instante de luta é mais inquebrantável. Continue, pois, os seus serviços tais quais são e aguardemos os dias em sua marcha."

Arthur Joviano (Sementeira de luz, p. 359)

I

Pérolas

ILUMINAÇÃO

*"Que Jesus prolongue as suas oportunidades de ilumi-
nação e que sua alma se abra sempre ao seu amor como um
altar de fé viva."*

Arthur Joviano (Sementeira de luz, p. 262)

ILUSÃO

*"(...) a ilusão é fogo fátuo destinado a impressionar a
periferia. A Eternidade cogita de soluções mais profundas."*

Arthur Joviano (Sementeira de luz, p. 286)

INDIFERENÇA

*"(...) no mundo nossas almas costumam dormir o sono
pernicioso da indiferença para com as bênçãos divinas."*

Arthur Joviano (Sementeira de luz, p. 172)

*"Nossos caprichos individuais são invariavelmente o
centro de nossas cogitações e não sentimos a escola bendita
que nos proporciona luz e pão."*

Arthur Joviano (Sementeira de luz, p. 172)

INDIGNAÇÃO

"O problema da indignação justa foi prevista no Evangelho, quando Jesus encontra a casa de oração do Pai convertida em mercado de negociantes ávidos de ganho fácil."

Arthur Joviano (Sementeira de luz, p. 599)

INFINITO

"Na existência humana, os experimentos em face do Infinito são quase pequeninos 'nadas', que podemos figurar como 'zeros'. Cultura científica, expressões mundanas, títulos honrosos, considerações sociais e outras demonstrações convencionais sem Jesus são esses zeros à esquerda da unidade substancial."

Arthur Joviano (Sementeira de luz, p. 268)

INFLUÊNCIA

"Não é preciso o concurso mediúnico de maneira formal ou exclusiva para que manifestemos a nossa influenciação."

Arthur Joviano (Sementeira de luz, p. 309)

"Mentalmente, meus filhos, todos nós conversamos bastante (...) na recordação solitária ou na palavra viva, na lembrança da vigília, (...) nos fenômenos do sonho (...)."

Arthur Joviano (Sementeira de luz, p. 309)

INTERESSE

"Na esfera dos negócios materiais da época tudo tende à supremacia, não dos mais eficientes, mas dos mais hábeis. Digo 'hábeis' porque não podemos apelidar os nossos amigos de oportunistas ou desonestos."

Arthur Joviano (Sementeira de luz, p. 599)

J

JESUS

"Jesus não é só a nossa providência, mas também a providência perfeita que nos conhece as necessidades mais íntimas, auxiliando-nos sempre com o seu infinito amor."

Arthur Joviano (Sementeira de luz, p. 88)

Jesus é o timoneiro divino. Tenhamos o barco do coração perfeitamente equilibrado. Nem calmarias nos farão estacionar, nem borrascas nos perturbarão.

Arthur Joviano (Sementeira de luz, p. 246)

"(...) em face dos desvairamentos humanos, Jesus ainda deve estar para nós todos como naquela hora amargurada de Getsêmani, em que o seu suor era mesclado de sangue, dentro da agonia íntima que lhe devorava o coração magnânimo e misericordioso." [1]

Arthur Joviano (Sementeira de luz, p. 165)

---

[1] Da palavra de Célia Lucius - personagem do livro *50 anos depois*, da lavra de Chico Xavier|Emmanuel (FEB, 1940) -, a Arthur Joviano, conforme mensagem intitulada *Nota afetuosa*.

"Confiem o coração ao Timoneiro divino e somente assim poderemos chegar à terra maravilhosa pelo seu amor e pelo seu amor e pela sua luz, entre as claridades sublimes do Infinito."

Arthur Joviano (Sementeira de luz, p. 246)

"O velho mundo está preocupado em lançar lenha às fogueiras da ambição e do egoísmo. Os que se voltam para a própria alma são poucos, mas é com eles que a jornada de Cristo prossegue."

Arthur Joviano (Sementeira de luz, p. 269)

"(...) A indicação máxima no que se refere às experiências novas é a do culto vivo de Jesus no alimento diário do coração. Em suas luzes, tudo é secundário ou menos importante."

Arthur Joviano (Sementeira de luz, p. 271)

"Jesus não está somente no salão incensado de um templo, nem invocado apenas pelo fervor de nossa prece. Sua alma divina está igualmente nos círculos da natureza. As árvores devem-lhe benefícios, os animais esperam por ele."

Arthur Joviano (Sementeira de luz, p. 286)

"O estudo é muito interessante se observarmos que o seu companheiro mais fiel para a entrada no testemunho de Jerusalém foi um burrico. Enquanto os companheiros se alegravam inadvertidamente, e outros elementos conluíam na sombra, foi ainda um animal que se revelou mais dedicado, sem espírito de invigilância no dever ou de interesses indignos."

Arthur Joviano (Sementeira de luz, p. 287)

"O Mestre não é somente grande e sublime pelo que fez, mas também pelo que deixou de fazer, atendendo à responsabilidade de sua divina missão."

Arthur Joviano (Sementeira de luz, p. 430)

"Só o Mestre possui bastante luz divina para comunicar o fogo sagrado da fé viva ao coração humano colhido pelas tormentas da luta. Esperemos nele e confiemos em seu divino amor."

Arthur Joviano (Sementeira de luz, p. 458)

"Estão vocês todos no limiar dum curso mais elevado! O examinador, porém, não é o mundo. Falece-lhe a competência para tanto. O mestre é Jesus e enquanto a sociedade humana confunde, perturba, grita e se escandaliza Jesus observa."

Arthur Joviano (Sementeira de luz, p. 472)

"Jesus é o modelo. Se o seu pensamento orientado e divino ainda é repelido por tanta gente, por que criarmos idolatria com o mínimo que já conseguimos? Entreguemos a ele o nosso trabalho! Ele saberá tudo dispor."

Arthur Joviano (Sementeira de luz, p. 485)

"(...) Nós estamos procurando por Jesus, o que foi crucificado."

Arthur Joviano (Sementeira de luz, p. 525)

"Em todos as ocasiões, o divino Semeador plantou o socorro, o bem e a verdade, mas a criatura não tem 'olhos de ver', sem que haja procurado, de fato, obter a visão eterna."

Arthur Joviano (Sementeira de luz, p. 577)

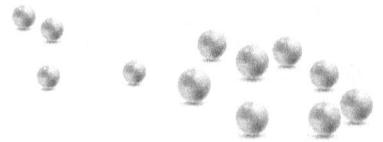

JOVENS

"Muitos jovens se perdem muito cedo, porque olvidam os bens divinos de seu lar, pelos encontros artificiais das companhias palradoras e repletas de novidades, mais viciosas que convenientes."

Arthur Joviano (Sementeira de luz, p. 211)

"Não é a mocidade feliz (...) tão-somente pelos ideais imediatamente concretizados, mas muito mais pela edificação própria no serviço incessante de enriquecimento de si mesma."

Arthur Joviano (Sementeira de luz, p. 505)

"O mundo inferior está repleto de quadros estranhos – pais que vivem para os filhos e filhos que se distanciam cada vez mais intensamente dos círculos do lar. Tudo isso (...) é loucura dos tempos de transição que a Terra atravessa agora. Quem não plantou na meninice e na juventude as sementes fortes da compreensão e do amor no ambiente doméstico não pode exigir colheitas substanciosas no futuro."

Arthur Joviano (Sementeira de luz, p. 505)

"Todos nós, quando atravessamos a juventude terrestre, costumamos ser ardorosos e apaixonados. Abusamos da saúde e da força, da confiança e das situações."

Arthur Joviano (Sementeira de luz, p. 550)

"O mundo está cheio de jovens que forçam as casas de educação simplesmente buscando apenas um meio de matar o tempo com elegância. É necessário fugir da influência deles, porque geralmente falam muito bem e agem de maneira indigna diante das leis de Deus."

Arthur Joviano (Sementeira de luz, p. 597)

"A época está repleta de elementos perturbadores. Quase impossível a completa imunidade da juventude. Aqui os companheiros levianos, acolá as mil seduções da estrada, sob aspectos multiformes, na região da política e da fantasia."

Arthur Joviano (Sementeira de luz, p. 636)

JULGAMENTOS

"O problema de dotarmos alguém com a compreensão necessária e devida é quase sempre infrutífero, daí resultando a nossa necessidade de entregar a Deus todos os julgamentos e realizações inacessíveis ao nosso próprio esforço individual."

Arthur Joviano (Sementeira de luz, p. 110)

JUSTIÇA

"Toda defesa justa traz o seu conteúdo de bem, ainda que a justiça humana seja tardia na visão dos acontecimentos e das coisas."

Arthur Joviano (Sementeira de luz, p. 335)

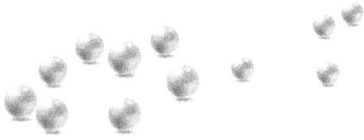

"É interessante, porém, observar que seu idealismo mais forte não permanece na 'terra materializada', propriamente dita, mas sim na 'terra espiritualizada', que outros olhos não saberão ainda ver."

Arthur Joviano (Sementeira de luz, p. 335)

"(...) quando nos referimos a 'defender', muita gente não verá outra coisa além dos pormenores físicos da paisagem, entretanto, é a paisagem interior que se manifesta, é o amor do lar eterno, o devotamento às realizações justas."

Arthur Joviano (Sementeira de luz, p. 335)

L

ÉROLAS

LAR

"O lar tem suas tarefas sagradas e essas tarefas deixariam de ser proveitosas e abundantes em luz, amor e sabedoria se tudo se caracterizasse por uma facilidade muito grande."

Arthur Joviano (Sementeira de luz, p. 150)

"O lar não é um acidente nas estradas da vida sobre a Terra. Ele constitui uma conquista suprema, podemos afirmar assim, porque de todos os bens do mundo o lar é o maior de todos, ainda que em seu seio haja luta e provações, porquanto essas experiências são o prelúdio de um bem sempre maior."

Arthur Joviano (Sementeira de luz, p. 152)

"(...) o templo familiar que a sociedade humana conhecerá no grande porvir: os corações irmanados no mesmo pensamento do bem, as aspirações centralizadas num idealismo único e o amor pontificado sempre nas menores circunstâncias da vida."

Arthur Joviano (Sementeira de luz, p. 171)

"O lar é o cadinho sagrado em que todo metal inferior se transmuda em ouro puro de Deus."

Arthur Joviano (Sementeira de luz, p. 205)

"O lar é o santuário onde vocês devem comungar nas coisas de Deus. Quem não se fortalece nessa fonte será sempre um sedento dos caminhos."

Arthur Joviano (Sementeira de luz, p. 249)

"O lar é a escola acolhedora da 'conferência' pelo coração que sente as realidades da vida."

Arthur Joviano (Sementeira de luz, p. 265)

O lar é uma bênção e cada dia que passa parece consolidar semelhante realidade em nosso conhecimento. Claro está que não nos referimos à feição exterior do ambiente doméstico, mas à construção interna, ao edifício afetivo que os laços espirituais vão criando e fortificando."

Arthur Joviano (Sementeira de luz, p. 279)

"O que mais nos conforta é a convicção de que o lar transporta-se à Eternidade, onde se dilata, multiplicando-nos os júbilos da alma!"

Arthur Joviano (Sementeira de luz, p. 279)

"(...) a organização espiritual da casa do coração faz sempre falta e, frequentemente, volta-se a ela como quem experimenta enorme sede."

Arthur Joviano (Sementeira de luz, p. 279)

"O mundo, qual vulgarmente designamos, é o conjunto de criaturas que defrontamos nos caminhos terrestres e, longe do lar, encontramos as exigências desse mundo diverso que ameaça, perturba ou desorienta, quando não guardamos a centelha divina da iluminação espiritual."

Arthur Joviano (Sementeira de luz, p. 280)

"(...) além das paredes, há edificações mais profundas e além dos móveis existem ternas realizações da alma que consubstanciam um verdadeiro altar para o coração dos homens."

Arthur Joviano (Sementeira de luz, p. 280)

"(...) o tempo, com as suas experiências poderosas, se incumbirá de revelar aos seres que estacionam na escola planetária a importância do lar e da família."

Arthur Joviano (Sementeira de luz, p. 280)

"Há muitos doentes do corpo e do espírito neste mundo, vagueando pelas ruas, pelos cassinos e pelos hospitais, cujo único remédio é sempre este das três letras luminosas: lar."

Arthur Joviano (Sementeira de luz, p. 284)

"O aconchego do lar é uma bênção divina. Para conseguirmos isso, milhares de anos lutamos e sofremos, em esforço coletivo."

Arthur Joviano (Sementeira de luz, p. 288)

"O lar é escola, templo e oficina, simultaneamente. Assim, pois, celebrem aí o aprendizado, a união e o trabalho, e serão felizes."

Arthur Joviano (Sementeira de luz, p. 298

"(...) o lar é o livro mais importante, porque se constitui de páginas da vida em si própria. É por ignorar essa verdade que a maioria dos homens se perde nos desfiladeiros da viciação."

Arthur Joviano (Sementeira de luz, p. 319)

"(...) se existem lares na Terra, com muito mais propriedade existem eles nas zonas espirituais, de onde os homens os copiam num impulso natural."

Arthur Joviano (Sementeira de luz, p. 319)

"(...) a desarmonia começa no lar. Sem organizações domésticas equilibradas, jamais terá equilíbrio este mundo."

Arthur Joviano (Sementeira de luz, p. 404)

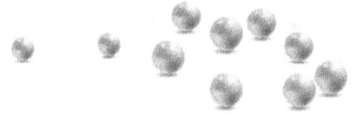

"O lar faz sempre bem ao coração. Cada coisa, cada situação dentro dele é uma dádiva que vem do Alto."

Arthur Joviano (Sementeira de luz, p. 418)

"A casa que ora é diferente das que não o fazem."

Arthur Joviano (Sementeira de luz, p. 426)

"O menor trabalhinho de casa é também serviço divino. Não se esqueça disso."

Arthur Joviano (Sementeira de luz, p. 451)

"É sempre agradável retomar o calor doméstico. A casa tem sempre uma voz diferente para aqueles que lhe habitam os santuários mais íntimos. Ainda bem."

Arthur Joviano (Sementeira de luz, p. 459)

"O lar, em sua expressão superior, é sempre a divina instituição do espírito."

Arthur Joviano (Sementeira de luz, p. 542)

"O lar, em sua expressão espiritual, é das bênçãos mais formosas que recebemos do eterno Pai. Que Seu amor nos ensine sempre a cultivar essa dádiva sublime, valorizando-a ao infinito."

Arthur Joviano (Sementeira de luz, p. 601)

LIBERTAÇÃO

"Sem independência espiritual, não há sol de Jesus no coração. É preciso que caiam as fronteiras que circunscrevem os voos dos raciocínios e sentimentos, dilatar o ser, modificar as zonas mais íntimas e, então, nascem para nós as possibilidades diferentes, que nos fazem sentir o divino Sol."

Arthur Joviano (Sementeira de luz, p. 467)

"(...) em geral, nos serviços humanos, nem todos os operários aprendem o caminho da libertação individual."

Arthur Joviano (Sementeira de luz, p. 467)

"Quase todos, ainda mesmo os muito bem intencionados, gastam muitos anos aqui para esgotarem o cálice gigantesco de certos compromissos mais fortes."

Arthur Joviano (Sementeira de luz, p. 467)

"Todas as aquisições espirituais exigem dilacerações sentimentais. Não tenha qualquer dúvida."

Arthur Joviano (Sementeira de luz, p. 467)

"(...) ninguém se libertará dos círculos inferiores com facilidade. A subida exige esforço e suor incessantes."

Arthur Joviano (Sementeira de luz, p. 470)

"Os perseguidores são instrutores. De todas as ciladas, sairá melhorado o espírito prudente, de boas intenções. O mundo será sempre assim."

Arthur Joviano (Sementeira de luz, p. 470)

"É necessário muito tempo para que a alma se liberte. Muito tempo e muito serviço próprio."

Arthur Joviano (Sementeira de luz, p. 503)

"As ciências exatas (...) são tormentos dos homens, mas enquanto não lhes resolvemos os problemas não conseguimos a libertação do cativeiro de situações inexatas. Muitas reencarnações enfrentarão nossas almas até aprender a matemática divina dos sentimentos em Cristo."

Arthur Joviano (Sementeira de luz, p. 535)

"Quando o espírito se liberta, de fato, é possível renovar-lhe a lembrança indefinidamente, através de várias existências, todavia, quando a alma se escravizou em demasia aos sentidos físicos ou estacionou no campo das sensações fisiológicas a 'sessão de leitura mental' estará circunscrita, relacionando apenas as ocorrências da 'vida última'."

Arthur Joviano (Sementeira de luz, p. 626)

LIVRE-ARBÍTRIO

"(...) nunca poderemos eliminar o livre-arbítrio, mesmo daqueles que nos são mais caros ao coração."

Arthur Joviano (Sementeira de luz, p. 83)

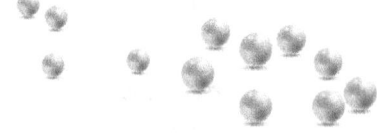

LIVRO (O)

"(...) bastou que uma alma só desejasse a luz da estrada para que Deus a socorresse com centenas de livros amigos, com aluviões de experiências úteis e de sagradas oportunidades, onde o espírito encontre a beleza da exemplificação."

Arthur Joviano (Sementeira de luz, p. 177)

"O livro deve ser o nosso melhor tesouro, em se tratando de patrimônios inspiracionais do mundo. Nele poderemos receber as mensagens mais nobres, se temos nosso coração inclinado ao bem, à luz, à verdade."

Arthur Joviano (Sementeira de luz, p. 330)

"É o recurso de que dispõem os irmãos mais velhos por transmitir suas experiências e lições aos mais novos. É ainda o canal das inteligências superiores e a zona de avisos e instruções do divino Mestre, que fala todos os dias às criaturas, através de seus generosos mensageiros."

Arthur Joviano (Sementeira de luz, p. 330)

"Cada página que ensina utilidades construtoras ao espírito está integralmente unida à máquina de trabalhos de Jesus e com Jesus."

Arthur Joviano (Sementeira de luz, p. 330)

"Há grandes perplexidades nos métodos de ensino, enorme indecisão na maioria dos professores. É uma situação, aliás, a que a atualidade não poderia fugir. Tempos de confusão, em que os mapas de determinações administrativas e os programas educativos costumam mudar-se como as cartas geográficas, indefinidas na hora presente."

Arthur Joviano (Sementeira de luz, p. 330)

"Homem sem livro é viajante sem roteiro certo. Muitas situações estranhas lhe chamam o interesse nas margens do caminho justo."

Arthur Joviano (Sementeira de luz, p. 330)

"Um livro é sempre um trabalho concretizado e quando esse trabalho atende à verdade e ao bem é serviço de Cristo em função de esclarecimento e conforto, amparo e iluminação dos espíritos imortais."

Arthur Joviano (Sementeira de luz, p. 398)

"A formação espiritual com os livros é aquisição de roteiro para a formação espiritual com as realidades."

Arthur Joviano (Sementeira de luz, p. 417)

"Há sempre júbilo sincero de nosso lado quando um novo livro se prepara à longa viagem através das mentes e corações de milhares de leitores."

Arthur Joviano (Sementeira de luz, p. 665)

"É sempre a mensagem condensada de nosso ideal sublime que se movimenta acordando companheiros novos para a construção do reino de união com o Cristo, que hoje desejamos concretizar na Terra."

Arthur Joviano (Sementeira de luz, p. 665)

"(...) o livro é o companheiro silencioso, o amigo sereno, o enfermeiro sábio e, sobretudo, o mestre tolerante e esclarecido que conversa com o pensamento sem alarde, imprimindo-lhe direção mais nobre, sempre que inspirado nos princípios que nos regem os destinos para o bem."

Arthur Joviano (Sementeira de luz, p. 665)

"O contato com os livros e publicações de ordem espiritualista lhe fará grande bem nas atividades preparatórias."

Arthur Joviano (Sementeira de luz, p. 667)

LOUCURA

"A loucura é sempre o desequilíbrio que obscurece a razão, mas não a extingue. É por isso que os casos dessa natureza prendem-se a ascendentes muito dolorosos do pretérito e requerem muita fé naqueles que os acompanham."

Arthur Joviano (Sementeira de luz, p. 565)

"(...) prova (...) bem grande, evidentemente, porque a ausência de equilíbrio mental apresenta um combate constante da alma para manifestar-se no instrumento."

Arthur Joviano (Sementeira de luz, p. 565)

M

érolas

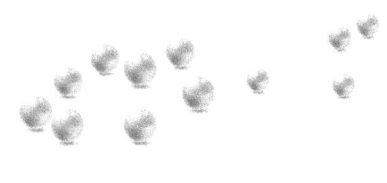

MÃE

"Um pai carinhoso e bom pode fazer de uma casa um templo de paz e de justiça, mas o coração maternal, esclarecido na sua missão, faz do lar um detalhe do próprio céu."

Arthur Joviano (Sementeira de luz, p. 98)

"Somente as mães são as sentinelas sagradas que conhecem com antecedência as tempestades do mar alto. A vida terrestre é essa travessia penosa pelo oceano encapelado de provas e expiações."

Arthur Joviano (Sementeira de luz, p. 99)

"O espírito que contraiu a responsabilidade de ser mãe, por mais duras que lhe sejam as provas orgânicas, é chamado à plena consciência do fenômeno divino para que este não seja perturbado em seus trâmites."

Arthur Joviano (Sementeira de luz, p. 221)

"Quem acompanhasse fielmente a história do planeta veria sempre um coração de mãe erguido no caminho, acenando aos homens interessados nas batalhas. E estas são sempre as mesmas, ainda que não hajam guerras declaradas."

Arthur Joviano (Sementeira de luz, p. 298)

"(...) a luta evolutiva é também combate dos mais vivos e, ainda aí, vemos, invariavelmente, o símbolo do coração materno, compelido a seguir os transes da alma humana, em silenciosa súplica a Deus, impossibilitado de evitar o que se traçou no dia de ontem para o dia de hoje."

Arthur Joviano (Sementeira de luz, p. 298)

"O devotamento materno é o núcleo central da paz na família."

Arthur Joviano (Sementeira de luz, p. 541)

MAGNETISMO

"O magnetismo é uma força universal inerente a todos os seres, em sua expressão positiva ou negativa."

Arthur Joviano (Sementeira de luz, p. 602)

"Jesus empregava o magnetismo do amor no serviço de edificação humana."

Arthur Joviano (Sementeira de luz, p. 602)

"Um ditador dos últimos tempos usou o magnetismo do ódio para seduzir uma grande nação e orientá-la para a destruição do mundo. Isso nos grandes círculos coletivos. Em nossas atividades sociais, nos campos menores, a lei é a mesma e os efeitos são iguais."

Arthur Joviano (Sementeira de luz, p. 602)

"Há pessoas que criam, através de energias simpáticas, outras que aniquilam, através de energias aviltantes, embora sem propósitos deliberados."

Arthur Joviano (Sementeira de luz, p. 602)

MAL (O)

"Nada desaparece a não ser o mal que, desde a primeira manifestação inicial, está condenado ao extermínio."

Arthur Joviano (Sementeira de luz, p. 216)

"O próprio mal, antes de sua chegada ao nosso círculo individual, chama-se crime, mas quando alcançamos Jesus passa a denominar-se erro corrigido ou experiência proveitosa."

Arthur Joviano (Sementeira de luz, p. 269)

"É difícil esquecer o mal que recebemos, penoso observar a calúnia, amargo sentir a máscara dos que nos rodeiam, mas esse quadro (...) pertence à Terra."

Arthur Joviano (Sementeira de luz, p. 373)

"Não se importune pelo assédio da maldade. Jesus vencê-la-á a seu tempo."

Arthur Joviano (Sementeira de luz, p. 373)

MANJEDOURA

"Somente após a estação da manjedoura é que penetra o lar, a carpintaria de José, o templo dos doutores, a esfera da beneficência aos semelhantes."

Arthur Joviano (Sementeira de luz, p. 287)

MAR

"Algumas horas com o mar resolvem muitos problemas. Ali como que o reservatório de forças regeneradoras é mais acessível, mais precioso, mais belo."

Arthur Joviano (Sementeira de luz, p. 396)

"Parece-me que o ar atende aos pulmões, o mar, ao coração."

Arthur Joviano (Sementeira de luz, p. 396)

"Naquele infinito de águas, reservas imensas vivem concentradas."

Arthur Joviano (Sementeira de luz, p. 396)

"(...) os ares do mar, por alguns dias, farão muito bem à saúde de todos. (...) no que concerne ao ar da praia, ganhará muito, passando uns dias a respirar o iodo material dos ventos marítimos."

Arthur Joviano (Sementeira de luz, p. 589)

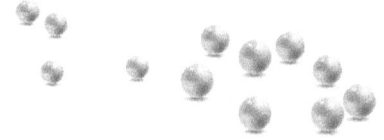

"A atmosfera marinha possui maravilhosos recursos para melhorar o sangue e deve ser aproveitada por todos aqueles que já recebem as bênçãos da natureza e de Deus."

Arthur Joviano (Sementeira de luz, p. 609)

MEDITAR

"É uma das fases mais úteis para a nossa alma, meu filho, essas em que nos sentimos mais sós, na organização das ideias – hábeis arquitetos que palpitam dentro de nós."

Arthur Joviano (Sementeira de luz, p. 465)

MÉDIUM

"Um médico pode usar luvas no trato das enfermidades, mas um instrumento vivo da Vontade Superior prejudicaria o serviço, aplicando qualquer material de isolamento sobre a epiderme."

Arthur Joviano (Sementeira de luz, p. 585)

"Toda vez que um médium atende aos casos de necessidade espiritual submerge-se naturalmente no 'local' dessa necessidade."

Arthur Joviano (Sementeira de luz, p. 585)

MEDIUNIDADE

"Na feição humana, os obstáculos ao Infinito impedem a vibração ilimitada. Na relação mediúnica, de qualquer modo, é indispensável adaptarmo-nos a essas mesmas limitações para que nos tornemos compreendidos."

Arthur Joviano (Sementeira de luz, p. 202)

"Jesus é o salvador do mundo, mas em todas as obras ninguém poderá estar só. Está nas Escrituras, desde o princípio, que ao homem não era conveniente estar sozinho. No bem ou no mal, existem os pactos das almas."

Arthur Joviano (Sementeira de luz, p. 202)

"Muita gente julga que desenvolvimento espiritual representa desenvolvimento mediúnico, psíquico. Não é isso. Semelhantes expressões, às vezes, chegam a ser prejudiciais no mecanismo da gradação evolutiva."

Arthur Joviano (Sementeira de luz, p. 303)

"Desenvolvimento espiritual é compreensão da vida, no desdobrar de todas as lições, desde as grandiosas até as pequeninas. Quando a criatura consegue a menor fase dessa realização, o espírito de serviço é o seu guia e conselheiro permanente (...)."

Arthur Joviano (Sementeira de luz, p. 304)

"(...) Na Terra só possuímos de exclusivamente nosso a alma, e o mais constitui patrimônio de oportunidades que a Providência Divina nos concedeu em confiança para nosso uso e utilidade, e para uso e utilidade do próximo, quando esse próximo está em condições de receber alguma coisa desse patrimônio, do qual não passamos de usufrutuário."

Arthur Joviano (Sementeira de luz, p. 304)

MENTE

"A matéria mental ainda é uma incógnita para o habitante comum da Terra, mas para nós outros tem a feição de mecanismo maravilhoso!"

Arthur Joviano (Sementeira de luz, p. 312)

"Não esqueça o exercício mental de coragem interna, por mais adversas que sejam as circunstâncias. Se há ginásticas respiratórias, existem exercícios indispensáveis para o organismo mental da criatura."

Arthur Joviano (Sementeira de luz, p. 345)

"A mente é a sede do governo das sensações. Acúmulo de problemas sem solução imediata, inquietude, perspectivas de qualquer dificuldade, tudo isso opera certos desequilíbrios inevitáveis."

Arthur Joviano (Sementeira de luz, p. 356)

"(...) pedradas na alma atingem, naturalmente, os centros vitais (...)."

Arthur Joviano (Sementeira de luz, p. 370)

"O trabalho mental é também exaustivo, mormente considerando as suas 'corridas de pensamento' para 'espanar todos os conhecimentos' em fase de recapitulação geral."

Arthur Joviano (Sementeira de luz, p. 417)

"A mente obcecada pela ideia de doença cultiva os princípios mórbidos no campo mental com eficiência assombrosa e passa a contagiar o ambiente com naturalidade."

Arthur Joviano (Sementeira de luz, p. 585)

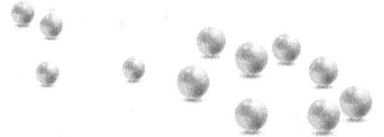

"A 'autovacina', no campo das forças magnético-mentais, é o grande recurso do futuro. O autossocorro movimenta energias profundas, que só o beneficiado consegue compreender, porque atinge a organização viva da alma, que dá modelos e forças reconstrutivas às células do corpo."

Arthur Joviano (Sementeira de luz, p. 590)

MERECIMENTO

"Se Deus nos achar dignos, voltaremos à mesma oportunidade do dia imediato e a nossa construção, nesse ou naquele setor, será filho de Sua sublime vontade."

Arthur Joviano (Sementeira de luz, p. 189)

"Como Deus é bom, meus filhos! Por mais que sofrêssemos na Terra, por mais que lutássemos, as dádivas que nos felicitam permanecem muito além de nossas expectativas e de nossos escassos méritos."

Arthur Joviano (Sementeira de luz, p. 329)

"Verdadeiras multidões acercam-se dos núcleos de serviço espiritual, trazendo doenças, problemas, angústias, ansiedades várias... Todos pedem remédios, socorros e soluções! É o que eles solicitam, mas, no fundo, não é o que necessitam."

Arthur Joviano (Sementeira de luz, p. 516)

"Os amigos espirituais por sua vez, quanto é possível, atendem e ajudam. (...) Entretanto, se vêm, se atendem, se colaboram, é que, no fundo, também eles trazem a esperança de acordar o germe microscópico das possibilidades sublimes que dormita em cada coração e em cada consciência."

Arthur Joviano (Sementeira de luz, p. 516)

"Seria uma catástrofe se todas as coisas da Terra viessem imediatamente ao encontro de nossos desejos, sem integração indispensável, na verdade, do serviço no bem. A luta do homem no trabalho cede essas características em todos os tempos e ainda as terá, na Terra, por muitos anos."

Arthur Joviano (Sementeira de luz, p. 534)

"Cada trabalhador receberá por suas obras. Nessa grande verdade, todas as meditações serão pequenas, porquanto se o servo fiel recebe a colheita de dedicação, o mau servo não encontra ao fim do labor senão os espinhos que semeou inadvertidamente."

Arthur Joviano (Sementeira de luz, p. 554)

MOLÉSTIAS

"(...) moléstias da alma são mais graves que as do corpo."

Arthur Joviano (Sementeira de luz, p. 369)

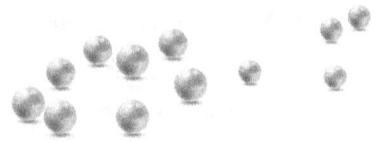

"Palpitações do grande órgão não podem dar ensejo a tantas perspectivas de transformação imediata. (...) toda moléstia essencial do coração veicula desânimo grave, inapetência absoluta, abatimento físico, irremediável quase."

Arthur Joviano (Sementeira de luz, p. 390)

MORAL

"Não é o entusiasmo com que as palavras são ditas que deve convencer quem as ouve, mas sim o seu conteúdo espiritual."

Arthur Joviano (Sementeira de luz, p. 248)

MORTE

"A morte do corpo é fenômeno apenas, fenômeno que impressiona a retentiva apenas dos que ficam, porque o fato, em si, como transformação necessária, custa muito ainda a operar-se."

Arthur Joviano (Sementeira de luz, p. 268)

"Para esmagadora percentagem de criaturas terrestres, 'morrer organicamente' é mudar de cidade para outra."

Arthur Joviano (Sementeira de luz, p. 317)

"Falem a um homem relativamente ao dinheiro, à honra pessoal, aos privilégios isolados, aos benefícios humanos, a favores e ele entenderá imediatamente. Se tangerem, porém, a tecla da profunda realidade de que permanecem na Terra de passagem e que vão se encontrar junto àqueles que o antecedem no túmulo e esse homem mostrará um sorriso de ironia ou incredulidade."

Arthur Joviano (Sementeira de luz, p. 317)

"Graças à Divina Providência, não cultivamos a treva do sepulcro e sim as claridades da vida eterna, com o amor que não pode morrer nunca."

Arthur Joviano (Sementeira de luz, p. 325)

"A morte nada significa para o amor que se iluminou ao sol da confiança em Deus."

Arthur Joviano (Sementeira de luz, p. 325)

"Cada um de nós, passada a morte física, e esgotado o cálice de perturbações, se verá a si mesmo, frente a frente – o operário e a sua obra, o pensador e seus pensamentos, o idealista e o seu ideal, o criador de alguma coisa e essa 'alguma coisa criada'."

Arthur Joviano (Sementeira de luz, p. 382)

"O homem que não se edificou, a princípio, teme a morte física e, depois dela, receia perder o contato com os centros de energias físicas que, quando possível, convertem nas fontes de sensações novas."

Arthur Joviano (Sementeira de luz, p. 397)

"(...) todos os de nosso grupo timbram em não falar ao homem-matéria, mas ao homem-espírito, que vai vencer a morte e transpor os séculos."

Arthur Joviano (Sementeira de luz, p. 398)

"Não imaginam vocês quantos quadros nos oferecem as visões da morte."

Arthur Joviano (Sementeira de luz, p. 413)

"Tudo se renova hoje, nada terminou. Todas as expressões inferiores de vida passam, mas tudo o que santifica e eleva permanece para sempre."

Arthur Joviano (Sementeira de luz, p. 414)

"A 'morte' é somente mudança e reporto-me ao assunto para afirmar-lhes que morrer somente não deve interessar ao homem. Importa 'morrer bem', isto é, com a paz dos que batalham, com a edificação dos que pelejam, dos que vivem sempre de pé, ainda mesmo quando o corpo ameace perecer."

Arthur Joviano (Sementeira de luz, p. 414)

"Poucas vezes meditei, como acontece hoje, no ensino de Jesus: que os mortos enterrem os seus mortos."

Arthur Joviano (Sementeira de luz, p. 504)

"Mortos não porque estejam envergando a túnica bendita da carne salvadora, mas porque se mantêm à distância das fontes reais da vida e da consolação, conhecendo-lhes, embora, as indicações certas e os roteiros inestimáveis."

Arthur Joviano (Sementeira de luz, p. 505)

"Se a morte não existe para ninguém, para os que ensinam ela é uma porta de luz ainda mais viva! O mestre é o amigo real de Jesus, o Mestre divino por excelência." [1]

Humberto de Campos (Sementeira de luz, p. 530)

"A morte deixa de ser o ponto terminal do caminho para ser a continuação da luta edificante do espírito eterno."

Arthur Joviano (Sementeira de luz, p. 562)

"Para os 'mortos' do mundo de carne, as convenções mais pesadas não terminam. O cemitério está cheio de fronteiras como linhas divisórias, marcando as figuras que passaram." [2]

Irmão X (Sementeira de luz, p. 646)

---

[1] Da mensagem *Semeador de luz*, de Humberto de Campos, psicografada por Chico Xavier em 14 de dezembro de 1944, por ocasião dos 10 anos de retorno à pátria espiritual de Arthur Joviano.
[2] Da mensagem *Como "vivo" na Eternidade*, de Irmão X (Humberto de Campos), psicografada por Chico Xavier em 14 de dezembro de 1945, por ocasião dos 11 anos de retorno à pátria espiritual de Arthur Joviano.

N

ÉROLAS

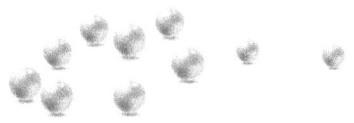

NATAL

"(...) o Natal é a lembrança do salvador e o Ano Bom é a esperança renovada."

Arthur Joviano (Sementeira de luz, p. 153)

"Não somente na Terra celebram-se as reminiscências felizes da vinda de Jesus. Aqui temos a impressão de que as recordações da Terra e as do plano espiritual casam-se numa vibração gloriosa, estabelecendo venturosos caminhos no Infinito (...)."

Arthur Joviano (Sementeira de luz, p. 195)

"As melodias que vibram nos céus são as de rememorações da noite gloriosa da Terra. Todos os espíritos recordam a figura do Cristo! Sente-se em tudo a claridade celestial da estrela de Belém."

Arthur Joviano (Sementeira de luz, p. 195)

"Personalidades antigas, do tempo que marcou a posição histórica de Jesus, voltam a confabular com as entidades dos planos mais humildes, onde me encontro, ministrando-nos ensinamentos de inestimável valor."

Arthur Joviano (Sementeira de luz, p. 195)

"Em semelhantes ocasiões, as notas espirituais entre as esferas visíveis e invisíveis são mais belas! Algo nos faz sentir a estrela da grande noite no céu do coração. Esperanças mais nobres florescem-nos no espírito e santas aspirações nascem no campo de nossos ideais. É uma bênção de Jesus (...)."

Arthur Joviano (Sementeira de luz, p. 416)

"Que o Natal, portanto, nos reúna ainda e sempre no mesmo doce aconchego familiar. Não é simples convenção cronológica. É oportunidade de aproximação mais intensa com Jesus, cuja grandeza divina vamos compreendendo, devagarinho, à medida que dilatamos as possibilidades respectivas da mente e do coração."

Arthur Joviano (Sementeira de luz, p. 417)

NATUREZA

"Em todo lugar há belezas no céu e dentro da natureza! Não existem zonas sem encantos particulares, porque o Senhor não esqueceu os menores caminhos!"

Arthur Joviano (Sementeira de luz, p. 280)

"Por muito tempo ainda a coletividade terrestre se inclinará para o solo ou para os grupos de irracionais com a noção de comercialismo, entretanto, entre as massas, já se vai providenciando, sob a inspiração de Deus, quanto ao aprimoramento de um e amparo aos outros."

Arthur Joviano (Sementeira de luz, p. 286)

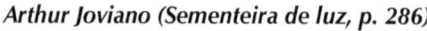

"(...) é impressionante observar o apostolado de Jesus nos círculos da natureza. (...) é agradabilíssimo recordar que ele surgiu numa estrebaria, que recebeu a primeira visita na aproximação dos animais, ensinou as mais altas verdades da vida sobre o espelho dum lago, construiu suas parábolas tomando expressões da vida em fazenda, transfigurou-se na solidão de pequena montanha, ensinou a pureza do culto íntimo a Deus à beira de um poço, preparou-se para o supremo sacrifício na intimidade de um horto, recebeu o martírio no cume de um monte e ressuscitou num jardim. Não é isso extremamente significativo?"

Arthur Joviano (Sementeira de luz, p. 326)

"A tempestade revela grandes valores educativos. Para os fracos, porém, é apenas a mensageira do raio ou do trovão."

Arthur Joviano (Sementeira de luz, p. 367)

"Nunca nos cansemos de ler a Bíblia divina da natureza. Cada folha das árvores é uma letra, cada trecho da terra, um capítulo, cada animal, cada flor, uma gravura ilustrativa."

Arthur Joviano (Sementeira de luz, p. 399)

"Quantos homens se esfalfam procurando resolver incógnitas e questões insolúveis para os dias que correm empunhando bruxoleantes candeias da cultura humana? Não sabem eles que o Pai renova a lição em cada alvorada e abre os tesouros da natureza a todos os filhos, indistintamente."

Arthur Joviano (Sementeira de luz, p. 399)

"Quando a alma começa a sair de si própria atravessando planícies e montes próximos, auscultando árvores e passarinhos, tentando compreender os impulsos dos animais distantes de nossos planos evolutivos, é sinal de que vai deixando a velha concha para atirar-se à grande liberdade luminosa e divina, na experiência, a pleno céu, sentindo a bondade do Senhor do Universo."

Arthur Joviano (Sementeira de luz, p. 399)

"A natureza, meus filhos, é a Bíblia viva. Cada página fala de Deus com força imperiosa de realização imediata."

Arthur Joviano (Sementeira de luz, p. 410)

O

PÉROLAS

OPORTUNIDADE

"Existe sempre um 'hoje' cheio de oportunidades santas e um 'amanhã' renovando as nossas esperanças. Amparemo-nos uns aos outros."

Arthur Joviano (Sementeira de luz, p. 243)

OTIMISMO

"O otimismo, meu filho, é vinho reconfortante do coração, em toda ocorrência da luta humana."

Arthur Joviano (Sementeira de luz, p. 293)

"Com Jesus, porém, meus filhos, tudo é horizonte ilimitado. Tenhamos fé e otimismo. Precisamos chegar à 'terra da redenção' e lá chegaremos."

Arthur Joviano (Sementeira de luz, p. 298)

"De Deus hão de chegar todos os recursos precisos. Trabalhemos, esperando o melhor."

Arthur Joviano (Sementeira de luz, p. 317)

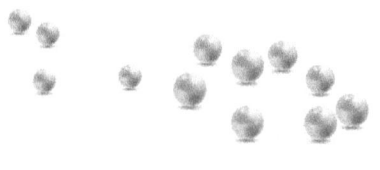

"(...) preocupe-se, mas não sofra. Não é paradoxo. É uma lembrança de amor. Todas as sombras passam e as nuvens do céu são chuva fecundante para a terra. Estejamos contentes e otimistas!"

Arthur Joviano (Sementeira de luz, p. 335)

"Faz bem descansar a alma durante algumas horas para acordar caminhos percorridos. Os espinhos vencidos, as pedradas ao olvido, os dissabores a distância fazem-se sentir de modo especial no coração, erguendo-nos o padrão de esperança e otimismo sagrado."

Arthur Joviano (Sementeira de luz, p. 652)

P

Pérolas

PACIÊNCIA

"Aprenda a dominar-se e a ceder em tudo que seja do caráter bem formado. A personalidade é uma conquista nobre da criatura, no entanto, é indispensável não transformá-la em prisão que nos isole dos 'outros mundos mentais', que nos rodeiam em todas as seções do progresso infinito. Tenha muita calma e fé, paciência e perseverança."

Arthur Joviano (Sementeira de luz, p. 552)

PAIS

"(...) no coração dos pais há sempre um milagre de amor que Jesus abençoa como jardineiro divino de todos os corações."

Arthur Joviano (Sementeira de luz, p. 120)

"O cuidado paterno, meus filhos, não se extingue no coração. Parece alguma coisa de Deus em nós, algo que nos desperta, levanta, conforta e anima. É modalidade do amor, constituindo permanente incentivo ao espírito, em demanda do Infinito."

Arthur Joviano (Sementeira de luz, p. 296)

"Ser pai e mãe é partilhar de poderes da Divindade Criadora."

Arthur Joviano (Sementeira de luz, p. 506)

"O pai é o sacerdote do lar. A mãe é o altar sublime. Quando se consagram a Deus, as bênçãos dos céus enriquecem o mundo familiar. Continuem guardando essa posição no caminho edificante da luta."

Arthur Joviano (Sementeira de luz, p. 506)

"(...) para enfrentar, mais tarde, o sol das experiências terrestres, há uma construção sagrada: é a edificação de cada dia, na qual os pais aprendem a corrigir amando e a ensinar renunciando sempre, com a alma, por vezes, cheia de preocupações, como um céu cheio de nuvens."

Arthur Joviano (Sementeira de luz, p. 537)

"O trabalho dos pais e das mães nem sempre é compreendido integralmente nos momentos da luta, mas chega sempre o dia do entendimento, da compreensão legítima."

Arthur Joviano (Sementeira de luz, p. 575)

PAIXÃO

"(...) precisamos observar que os incêndios das paixões são os mais devastadores."

Arthur Joviano (Sementeira de luz, p. 104)

PALAVRA

"A palavra, moldada nos sentimentos generosos e since-ros, à luz do Cristo, é aquele verbo sagrado do 'Fiat-Lux'. Através de suas vibrações, espalham-se claridades novas (...)."

Arthur Joviano (Sementeira de luz, p. 265)

"(...) na Terra, dia chegará em que compreenderão a excelência de seu concurso divino no ministério do bem e da verdade."

Arthur Joviano (Sementeira de luz, p. 265)

"Eu sei o que constitui a palavra de um professor, chamando com insistência o pensamento do aluno. Por vezes, a ideia quer voar como pássaro, para casa, onde se encontram os pais e os afetos, mas os sons da aula impedem os voos."

Arthur Joviano (Sementeira de luz, p. 280)

"Às vezes, é melhor conversar com as árvores que ouvir os homens."

Arthur Joviano (Sementeira de luz, p. 389)

"A palavra de bom ânimo é o melhor elemento fixador do magnetismo irradiante do bem."

Arthur Joviano (Sementeira de luz, p. 577)

PASSADO

"O pretérito dorme em cada um de nós com energias ameaçadoras e imperiosas."

Arthur Joviano (Sementeira de luz, p. 104)

"A recordação do passado não é tão fácil, mesmo para os espíritos mais ou menos cultos, segundo a evolução terrestre, nos primeiros tempos de sua vida espiritual."

Arthur Joviano (Sementeira de luz, p. 122)

"Se muito erramos, muito grande foi o amor de Jesus e, hoje, desses cimos de compreensão, busquemos compreender a grandeza de Cristo e de seus divinos ensinamentos."

Arthur Joviano (Sementeira de luz, p. 123)

"Não é fácil encontrar no mundo o elemento de harmonização entre as nossas ideias. Se tal ajustamento não é comum nos laços de sangue, que dizermos de um instituto de experiências, onde os elos do passado reúnem companheiros com as tendências mais heterogêneas?"

Arthur Joviano (Sementeira de luz, p. 200)

"O passado espiritual é, muita vez, um livro de dor que não podemos ler entre alegrias, entretanto, semana após semana, hora após hora, os óbices amargos se esgotam igualmente."

Arthur Joviano (Sementeira de luz, p. 283)

"O passado tem uma voz e o caminho de agora é o que ontem traçamos. No entanto, o caminho é cheio de margens, onde podemos construir benfeitorias para o amanhã."

Arthur Joviano (Sementeira de luz, p. 363)

"Alguma raiz do passado distante da expressão divina permanece no 'solo profundo do subconsciente', raiz que é preciso arrancar como o lavrador opera depois da derrubada e da queimada, antes do plantio."

Arthur Joviano (Sementeira de luz, p. 517)

"Não olhe para trás como quem encontra 'claros', que talvez pudessem ter sido preenchidos nos primeiros tempos de mocidade. Se contemplar o passado, não retire dele senão o 'pólen' das experiências para fecundar as novas ideias de hoje."

Arthur Joviano (Sementeira de luz, p. 533)

PASSE (O)

" (...) o passe amigo com a oração é como específico amoroso do céu."

Arthur Joviano (Sementeira de luz, p. 310)

"O estudo do magnetismo com as aplicações que lhe são consequentes, no plano do bem, traz uma felicidade enorme ao coração."

Arthur Joviano (Sementeira de luz, p. 567)

"Quanto maior a sua serenidade, maior o potencial em posição de ser utilizado pelos benfeitores de nosso plano. Ajude e coopere, meu filho, e esteja certo de que sempre que você der algo de construtivo, você mesmo será o primeiro beneficiado no feito."

Arthur Joviano (Sementeira de luz, p. 567)

"Quando o corpo não estiver em condições de receber a dádiva, a alma guardará o benefício."

Arthur Joviano (Sementeira de luz, p. 577)

"Não deseje resultados patentes das ações curativas ou confortadoras no plano do imediatismo comum. Espere a passagem do tempo. Quanto seja possível, atenda ao conselho evangélico que manda 'curar e pregar o reino de Deus', simultaneamente."

Arthur Joviano (Sementeira de luz, p. 577)

"Quando não aparecerem resultados à tona de seu esforço, recorde que o próprio Jesus não curou a todos perante os olhos dos homens."

Arthur Joviano (Sementeira de luz, p. 577)

"(...) sempre que voltar do serviço de passe, faça uma pequena concentração, em prece, durante 3 a 5 minutos, no qual darei passes em suas mãos, por minha vez, alijando esses ou aqueles resíduos que ficarem entre seus dedos."

Arthur Joviano (Sementeira de luz, p. 585)

Quando você ministra o passe, está dando algo e recebendo alguma coisa, por sua vez. Os amigos do Plano Superior, porém, aproximam-se e quanto mais você der de si mesmo mais forças concederão a você, impedindo que o elemento inferior seja absorvido por sua organização perispiritual.

Arthur Joviano (Sementeira de luz, p. 586)

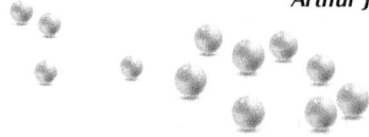

PAZ

"Estabelecer o culto da paz em Cristo, no templo dos corações, representa edificação espiritual de sublimado preço nos valores imortais."

Arthur Joviano (Sementeira de luz, p. 220)

"A paz celestial começa na Terra. Seria inútil aguardá-la de planos superiores, no ingresso dos quais ainda precisamos trabalhar muito."

Arthur Joviano (Sementeira de luz, p. 250)

" (...) Jesus está sempre ao lado dos homens, encarnados e desencarnados, oferecendo-lhes a paz. No entanto, escasso é o número dos que se propõem a receber."

Arthur Joviano (Sementeira de luz, p. 294)

"Guarde sua paz (...). A serenidade de dever cumprido é muita realização. Conserve-a e continue seu caminho (...)."

Arthur Joviano (Sementeira de luz, p. 354)

"Na casa da paz, o inferno dos maus não pode dar notícias. E a nossa casa é o coração."

Arthur Joviano (Sementeira de luz, p. 363)

"Tenha paz com você, quanto seja possível. Procure mesmo conquistá-la no íntimo (...). Esforce-se e não se arrependerá."

Arthur Joviano (Sementeira de luz, p. 373)

"Há sempre uma tranquilidade do mundo e uma da alma. Esta última é o campo de realização eterna. Ainda que haja tempestade exterior, guardemos a paz íntima."

Arthur Joviano (Sementeira de luz, p. 375)

"As grandes tarefas exteriores dão paz ao interior. Vamos reconhecendo gradativamente, meu filho, que a paz é uma espécie de fruto do trabalho incessante."

Arthur Joviano (Sementeira de luz, p. 418)

"Falamos comumente de paz, entretanto, não se trata de problema de solução muito fácil. Concordo em que será útil multiplicar os votos de paz, desejá-la calorosamente, trabalharmos por exaltar-lhe os bens, mas para 'muitas toneladas' de expressões verbais teremos apenas 'poucos gramas' do precioso bem celeste."

Arthur Joviano (Sementeira de luz, p. 433)

"É preciso que mantenham muita serenidade interior, serenidade de lago, que as pedradas não perturbem. Sabemos que isso é muito difícil, principalmente considerando que 'o assédio provém de todos os lados, mas sem paz não podemos realizar obra útil'."

Arthur Joviano (Sementeira de luz, p. 477)

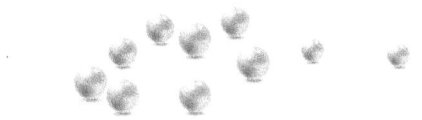

"Há homens e espíritos interessados na conservação da paz e há legiões de trabalhadores estudando a maneira de preservar a saúde dos povos. Enquanto houver movimento bélico, a fazer-se acompanhar de vibrações e deslocamentos atmosféricos, será possível contemporizar, mas cessado o ruído dos canhões o lodo expelido voltará a pousar no fundo. Então só Deus pode permitir a sua extinção, sem maiores perigos."

Arthur Joviano (Sementeira de luz, p. 564)

PEDAGOGIA

"Tempos de confusão, em que os mapas de determinações administrativas e os programas educativos costumam mudar-se como as cartas geográficas, indefinidas na hora presente."

Arthur Joviano (Sementeira de luz, p. 330)

"Há grandes perplexidades nos métodos de ensino, enorme indecisão na maioria dos professores. É uma situação, aliás, a que a atualidade não poderia fugir."

Arthur Joviano (Sementeira de luz, p. 330)

"O espírito de escola aqui ainda é maior que a pedagogia terrestre poderia oferecer. E não falo aqui de pedagogia referente à infância terrestre, mas à pedagogia da existência humana em si mesma, no curso de cada século."

Arthur Joviano (Sementeira de luz, p. 380)

PENSAMENTO

"Os pensamentos não são tão abstratos. Eles têm forma, têm vida e largos poderes de atração."

Arthur Joviano (Sementeira de luz, p. 209)

"No terreno das desconfianças de moléstia, é útil trazer o raciocínio como uma casa muito clara para que as sombras não penetrem. Quando a criatura dá acolhida à dúvida, nesse sentido, já andou metade do caminho para contrair o mal."

Arthur Joviano (Sementeira de luz, p. 209)

"Cada um de nós traz o fio invisível de tudo o que foi pensado e realizado na existência. De uma vida para outra há intervalos que não são interrupções do 'fio'. Simplesmente processos de esquecimento temporário em operações magnéticas, que deixam fundos marcos na vida consciencial."

Arthur Joviano (Sementeira de luz, p. 625)

PERDÃO

"Sem levarmos em conta a ignorância e a enfermidade espiritual da maioria dos homens, torna-se impossível servi-los. Por essa razão, nunca será lembrado sem proveito o ensinamento do 'perdoai setenta vezes sete'."

Arthur Joviano (Sementeira de luz, p. 485)

PERISPÍRITO

"O corpo perispiritual comunica ao organismo denso todas as desarmonias recebidas. Quantas vezes adoece alguém, buscando, em vão, a procedência?"

Arthur Joviano (Sementeira de luz, p. 601)

POSSE

"'Aquele que mais possuir lhe será dado' é antigo ensinamento do Mestre divino. Os homens possuídos, esses chorarão as oportunidades perdidas por se haverem entregue aos caminhos menos dignos diante de Deus (...)."

Arthur Joviano (Sementeira de luz, p. 589)

"(...) os que possuem, de fato, a vida com seus valores imperecíveis conhecerão a glória do acréscimo sublime de revelações sempre novas, em plena eternidade."

Arthur Joviano (Sementeira de luz, p. 589)

"Que vocês possuam a vida, é o meu voto, porque nessa posse vocês conhecerão estradas iluminadas pela claridade imortal!"

Arthur Joviano (Sementeira de luz, p. 589)

PERSEVERANÇA

"Queremos realizar com o bem e para o bem e, por isso mesmo, temos de sofrer a influenciação do mal. É razoável. O essencial do esforço, porém, é a perseverança. Por ela, formou-se a Terra."

Arthur Joviano (Sementeira de luz, p. 418)

PRECE

"Quanto possa, não deixe adiar a hora de convívio com as forças regeneradoras do mundo espiritual. Isso nos faz grande bem."

Arthur Joviano (Sementeira de luz, p. 101)

"Nossa prece é um ponto de amor e de repouso. Sentimo-nos rejuvenescidos na fé, no círculo de suas profundas vibrações espirituais."

Arthur Joviano (Sementeira de luz, p. 207)

"A oração é sempre uma interrogação silenciosa das almas. Nem sempre é súplica. Na maioria das vezes, é o desejo ansioso de um ponto de apoio fora do mundo transitório e perecível."

Arthur Joviano (Sementeira de luz, p. 207)

"Permutamos impressões, confortamo-nos uns aos outros. A confiança parte de vocês para nós e a nossa confiança encontra no coração sincero uma continuidade de realização."

Arthur Joviano (Sementeira de luz, p. 207)

"Um dia, vocês reconhecerão comigo que a prece pode muito mais que qualquer arma terrestre, se quisermos examinar o caráter construtivo de coisas e situações."

Arthur Joviano (Sementeira de luz, p. 353)

"Não esqueçam nunca esta verdade, onde estiverem: uma criatura que ora um minuto, quando centenas de semelhantes discutem acaloradamente, alcança no isolamento mental mais esclarecimento que todos eles."

Arthur Joviano (Sementeira de luz, p. 353)

"É, além disso, nossa escada de reencontro. Através de seus degraus, encontramo-nos sempre, no terreno sublime do espírito, por organizar novos planos e seguir sem descanso inútil nas obras começadas, a favor de nossa redenção própria."

Arthur Joviano (Sementeira de luz, p. 353)

"Cultivem a oração, meus filhos, e o tesouro das bênçãos divinas conservar-se-á ao dispor de nossa vontade."

Arthur Joviano (Sementeira de luz, p. 353)

"O hábito da oração construtiva representa a edificação nobre dum 'porto' às aspirações divinas."

Arthur Joviano (Sementeira de luz, p. 426)

"A prece (...) explicada como princípio elétrico na dinâmica espiritual é uma tese profunda. Não mais a noção de fanatismo destrutivo, mas a positivação de valores espirituais de expressão máxima na experiência terrestre."

Arthur Joviano (Sementeira de luz, p. 426)

"Guardemo-nos no espírito da oração edificante! Seja ele o nosso clima diário às cogitações da alma, o alimento de nossos corações! Isso é riqueza, cujo valor cresce sempre e que só encontra justa expressão no tesouro das responsabilidades eternas."

Arthur Joviano (Sementeira de luz, p. 427)

"No local íntimo em que se ora vai-se formando, aos poucos, um ambiente vivo de espiritualidade superior. Naturalmente aí as vibrações de natureza elevada são mais sólidas, mais extensas, mais tangíveis (...)."

Arthur Joviano (Sementeira de luz, p. 462)

"Orar, edificando o pensamento, no círculo das ideias sagradas, é tarefa de valor inexprimível nas palavras terrestres."

Arthur Joviano (Sementeira de luz, p. 512)

"Na continuação de nossas preces, encontraremos o caminho da luz redentora."

Arthur Joviano (Sementeira de luz, p. 561)

"A insistência mais simpática que bate à porta da Revelação Divina é aquela que roga auxílio para poder auxiliar aos outros."

Arthur Joviano (Sementeira de luz, p. 578)

"A nossa oração é uma fonte de fortaleza. Abeberarmo-nos em sua divina corrente é aproximarmo-nos Daquele que constitui a luz de nossos destinos."

Arthur Joviano (Sementeira de luz, p. 622)

"A prece, com o desejo firme de adaptação à vontade divina, constitui abençoado altar do espírito, onde o coração – peregrino do caminho da luz perfeita – se retempera na longa e áspera jornada."

Arthur Joviano (Sementeira de luz, p. 633)

"Cultive a oração, ainda mesmo que os obstáculos pareçam insuperáveis a você. Cultive-a e receber-lhe-á os frutos substanciosos."

Arthur Joviano (Sementeira de luz, p. 644)

"Com semelhante luz, as obscuridades se dissiparão. Não esqueça a lanterna bem acesa, com a luz bem viva, porque a noite escura vem sempre em seguida ao dia brilhante para conferir-nos as aquisições."

Arthur Joviano (Sementeira de luz, p. 644)

PRECONCEITO

"O tédio que se experimenta, por vezes, em face de determinadas imposições da vida social é a prova de que já nos despedimos dessa ou daquela exterioridade ou preconceito convencional que reconhecemos como prejuízo ou inutilidade."

Arthur Joviano (Sementeira de luz, p. 251)

PREOCUPAÇÃO

"(...) busque entregar a Deus qualquer preocupação mais forte. Guarde o seu salário de paz interior. Este é inacessível a todos os vermes da Terra e aos mais hábeis ladrões."

Arthur Joviano (Sementeira de luz, p. 357)

"(...) na atual fase de nossa pressão evolutiva, podemos traduzir a preocupação exterior por tranquilidade interior e a ausência dessa preocupação por tormento íntimo da alma."

Arthur Joviano (Sementeira de luz, p. 418)

PROFESSOR

"É possível que (...) haja professores mais liberais e talvez mais afeitos ao conhecimento de determinados fatores condizentes com o bem-estar dos discípulos (...)."

Arthur Joviano (Sementeira de luz, p. 543)

"(...) uma base espiritual legítima e pura vale mais que as facilidades do momento que passa. Nunca fui professor tão-somente de cérebros."

Arthur Joviano (Sementeira de luz, p. 543)

"Sempre me rejubilei com as oportunidades de construir no coração dos alunos para que 'a torre do conhecimento subisse em direção da cabeça'."

Arthur Joviano (Sementeira de luz, p. 544)

"É sempre melhor 'começar pelo princípio' e até hoje não posso aplaudir os que represam o raciocínio de teorias, deixando o sentimento vazio de edificações sérias."

Arthur Joviano (Sementeira de luz, p. 544)

"Nem todos os professores estão à altura da missão que recebem (...) mesmo para com estes devemos cultivar o melhor espírito de entendimento e afabilidade, quando não seja para com as pessoas, devemos guardar semelhante atitude para com a posição a que foram chamados."

Arthur Joviano (Sementeira de luz, p. 549)

"Não argumente com os professores, além do que seja estritamente necessário, porque sempre é preciso dizer alguma coisa.

Arthur Joviano (Sementeira de luz, p. 550)

"Se eu apenas informasse o raciocínio dos alunos, não teria conseguido as facilidades que o amor de instruir me ofereceu aqui. E vou reconstituindo minha banca de trabalho, ensinando em nome daquele Mestre dos mestres."

Arthur Joviano (Sementeira de luz, p. 566)

"Continuei a tarefa na parte espiritual de minha ligação com a obra pedagógica. Valeu-me o ideal de ensinar e servir acima da competência de formar valores meramente intelectuais."

Arthur Joviano (Sementeira de luz, p. 566)

"Um professor pode possuir ideias preconcebidas nesse ou naquele setor do pensamento religioso, mas é sempre um benfeitor por oferecer a mão amiga e conselheiral aos mais jovens."

Arthur Joviano (Sementeira de luz, p. 596)

PROVAS

Na teia das provas purificadoras, as lutas são trovões passageiros que deslocam os ares, melhorando-os.

Arthur Joviano (Sementeira de luz, p. 242)

"(...) o período de provas requisita acúmulo de energia e não seria justo desproteger-se. A prova pede atenção firme e espírito pronto. É indispensável oferecer bases à matéria mental."

Arthur Joviano (Sementeira de luz, p. 319)

"Certas provas de natureza psíquica nos serviços comuns são bem difíceis de solução. Compele-nos a pensamentos de ansiedade, inquietação. Mas não pense você que isso é fenômeno privativo dos encarnados. Aqui também sucede o mesmo."

Arthur Joviano (Sementeira de luz, p. 432)

"A hora é de grandes lutas. Não precisamos repetir semelhante verdade. Entretanto, meu filho, que seria do aluno sem as provas do exame?"

Arthur Joviano (Sementeira de luz, p. 472)

"Seja cada prova, por mais difícil, um estímulo novo para o seu coração. Guarde sua calma, confiança serena e ardente. Que Jesus o abençoe."

Arthur Joviano (Sementeira de luz, p. 547)

"A provação é amarga, mas é redentora. Saibamos confiar no Poder Divino."

Arthur Joviano (Sementeira de luz, p. 565)

"Felizes de vocês que pensam e oram! Neste mundo de lutas purificadoras no cadinho dos contrastes, o ganho é quase imperceptível, mas depois dessa jornada que estão fazendo há esta em que me encontro, onde observarão como é belo edificar no plano íntimo, valendo-se do material de Jesus."

Arthur Joviano (Sementeira de luz, p. 610)

"Cada dia tem a sua mensagem particular, cada prova, a sua lição. Nem sempre sabemos aproveitar todos os dias e nem sempre correspondemos à prova a que somos conduzidos pela Providência."

Arthur Joviano (Sementeira de luz, p. 643)

PSICOGRAFIA

"Os homens nem sempre percebem o correio celeste, porque, em geral, fala mais alto em seus corações o egoísmo individual, mas esse correio funciona sempre, infalivelmente."

Arthur Joviano (Sementeira de luz, p. 349)

"O espírito que vigia nos seus deveres e ora nos seus trabalhos, este descobrirá em todas as situações a notícia da esfera superior."

Arthur Joviano (Sementeira de luz, p. 349)

"Na gratidão divina, o espírito volve ao Criador no grande silêncio, ou conversa com seus irmãos, sem utilizar as palavras."

Arthur Joviano (Sementeira de luz, p. 350

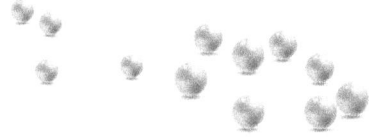

"Que o Pai fortaleça e reconforte a todos vocês, nesse elevado esforço de difundir o alimento espiritual, porque, em verdade, esse trabalho atende à fome de inumeráveis corações."

Arthur Joviano (Sementeira de luz, p. 351)

"Sintamo-nos felizes por contribuir na abertura de canais por onde corra o rio generoso das ideias do Mestre."

Arthur Joviano (Sementeira de luz, p. 351)

"Reparemos a terra fertilizada e prossigamos na semeadura, quanto seja possível. Acendamos luzes, conservando luzes. Que o Pai abençoe a vocês pelo amor consagrado a esse nobre serviço."

Arthur Joviano (Sementeira de luz, p. 351)

"É sempre agradável receber, diretamente, a mensagem daqueles a quem amamos."

Arthur Joviano (Sementeira de luz, p. 400)

PSICOLOGIA

"As mais elementares noções de psicologia nos demonstram que os patrimônios do espírito são sempre a conquista da personalidade e não podemos derrogar essas leis."

Arthur Joviano (Sementeira de luz, p. 83)

Q

Pérolas

QUEIXA

"O esclarecimento é sempre justo e, em solicitando-o, façam o possível por não deixar transparecer motivo de quei-xa a ninguém."

Arthur Joviano (Sementeira de luz, p. 364)

R

Pérolas

REALIDADE

"Às vezes, meu filho, a taça da experiência cotidiana apresenta um fundo muito amargo. A desilusão é justamente um travo desses. Entretanto, qualquer que seja a realidade, ela conforta sempre."

Arthur Joviano (Sementeira de luz, p. 360)

"Felizes os que puderem organizar seus caminhos para a realidade vindoura."

Arthur Joviano (Sementeira de luz, p. 580)

RECORDAÇÃO

"Voltar, ou, aliás, encontrar o poder do regresso ao conhecimento é uma bênção de Deus quando nos sentimos devidamente preparados para isso. Essas reminiscências revestem-se de profundo valor para nós todos."

Arthur Joviano (Sementeira de luz, p. 240)

"Recordar é ler no livro das experiências vividas. E como para tudo no mundo existe ciência, a de recordar apenas beneficia àqueles que hão adquirido mais vastos patrimônios da fé."

Arthur Joviano (Sementeira de luz, p. 245)

REDENÇÃO

"Quando os laços se transfundem, a ponto de atingirem o santificado reduto do lar, isso é o sinal da misericórdia viva e incessante de Deus, que, passo a passo, nos conduz à redenção ardentemente esperada."

Arthur Joviano (Sementeira de luz, p. 236)

"Toda luta na Terra, quando vivida na confiança em Cristo, é véspera de redenção."

Arthur Joviano (Sementeira de luz, p. 350)

"O processo de redenção não se interrompe e, em certas fases, tamanhos bens espirituais se represam em nossas mãos, que os credores de outro tempo costumam surgir em massa."

Arthur Joviano (Sementeira de luz, p. 433)

"Cada dia que passa, aumenta a sua experiência das criaturas e, cada vez mais, sente você a ineficiência dos homens e a eficiência de Cristo, a quase irresponsabilidade do obreiro terrestre e o profundo amor daquele que é a Sentinela da Redenção Planetária. Isso é uma fatalidade."

Arthur Joviano (Sementeira de luz, p. 460)

"'Há necessidade de esgotar o cálice', dizem os nossos maiores e temos de esperar que os interessados se fortaleçam e aprendam a valorizar a bênção de Deus, menosprezada em outro tempo."

Arthur Joviano (Sementeira de luz, p. 613)

"Há sempre débitos de 'outro tempo', segundo o nosso cabedal de expressões, mas, em verdade, nós somos os mesmos filhos de Deus de todo o tempo, no presente infinito, dentro do qual é preciso efetuar a redenção, alijando-se tudo o que constitua carregamento inútil no barco da vida."

Arthur Joviano (Sementeira de luz, p. 613)

REENCARNAÇÃO

"A vida terrestre é essa travessia penosa pelo oceano encapelado de provas e expiações. Há necessidade de cuidarmos do barco em tão exaustiva viagem, inçada de perigos e preocupações."

Arthur Joviano (Sementeira de luz, p. 100)

"A existência terrestre é também uma viagem, com certas estações de parada ou de repouso. De vez em quando, encontram-se os corações afins no meio dos caminhos, mas as provas, as lutas, as circunstâncias, os imperativos familiares são o roteiro sagrado de cada um e temos de atender aos labores de purificação, enquanto perdura a nossa romagem por essas estradas, longas e ásperas."

Arthur Joviano (Sementeira de luz, p. 105)

"É nesse movimento incessante das vidas numerosas que alijamos os defeitos e adquirimos as expressões mais nobres e formosas da vida. Trabalhemos sempre!"

Arthur Joviano (Sementeira de luz, p. 134)

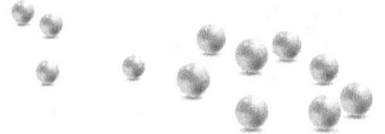

"Se no trabalho espiritual precisamos esvaziar o coração das preocupações do mundo, na missão terrena e na tarefa material precisamos de todas as energias do mundo para o bom combate."

Arthur Joviano (Sementeira de luz, p. 137)

"As existências são cursos de especialização e de elevação dos sentimentos mais nobres. É o sagrado crisol das virtudes que temos de adquirir ao preço de profundos esforços."

Arthur Joviano (Sementeira de luz, p. 184)

"Estamos hoje, vocês e muitos de nós aqui no 'vale da decisão'. Não queremos descer ao abismo dos centros do vale, mas também não podemos escalar a montanha de um salto. Caminhamos subindo, sem dúvida, mas a jornada não pode ser rápida. Há problemas graves por considerar."

Arthur Joviano (Sementeira de luz, p. 454)

"No 'vale', estivemos durante muitos séculos, conhecemos-lhes as minudências, estudamos, desde muito, o seu comportamento nas estações do tempo. A montanha, porém, é uma incógnita."

Arthur Joviano (Sementeira de luz, p. 454)

"Vestimo-nos com diversas roupagens, que se rompem, sistematicamente. Deu-nos o vale o que possuía – ele é santo, divino, venerável... Entretanto, 'alguém nos chama de algum lugar'. É preciso atender, dilatar, conhecer mais e melhor."

Arthur Joviano (Sementeira de luz, p. 454)

"Estamos caminhando e subindo, mas aprendendo e observando com muita atenção, porque não desejamos regressar donde viemos e as vozes do vale são muitas e diferentes entre si."

Arthur Joviano (Sementeira de luz, p. 454)

REGENERAÇÃO

"É possível que muitos sejam indiferentes, que alguns sejam rebeldes ou recalcitrantes, mas o que nos interessa é saber se estamos operando a regeneração dos laços quebrados indevidamente em outros tempos."

Arthur Joviano (Sementeira de luz, p. 199)

"(...) por muito que amemos, não poderemos exonerar os entes queridos de certas cadeias por eles mesmos forjadas."

Arthur Joviano (Sementeira de luz, p. 354)

"Contra a vaidade, a simplicidade. Contra o despeito, o amor construtivo em fraternidade legítima. Contra a má intenção, a gentileza de quem sabe ser útil."

Arthur Joviano (Sementeira de luz, p. 354)

REINO (O)

"Para conduzirmos a construção evangélica, em meio a tantas tempestades, é que compulsamos a exemplificação de Jesus, nas suas lições que constituem o livro da vida espiritual."

Arthur Joviano (Sementeira de luz, p. 174)

"Os interessados na lavoura espiritual do reino continuaram trabalhando e procurando, corrigindo e aperfeiçoando através de novos tentâmes e de redobrados esforços, como se verifica ainda hoje, mas, incontestavelmente, o genuíno benfeitor do serviço, que era Jesus, ficou só."

Arthur Joviano (Sementeira de luz, p. 554)

"Estamos construindo alicerces com o Cristo, que lançou a pedra fundamental do reino de Deus entre os homens de carne há quase dois mil anos."

Arthur Joviano (Sementeira de luz, p. 653)

RELIGIÃO

"É justo que você não tenha ainda um ponto básico no capítulo das ideias religiosas, entretanto, não é demais que você estude, medite."

Arthur Joviano (Sementeira de luz, p. 211)

"Não se dê ao gosto de examinar assuntos de religião com os companheiros que ainda não podem compreender os grandes problemas da vida."

Arthur Joviano (Sementeira de luz, p. 211)

"Hora muito grave para as instituições terrestres, as que o mundo atravessa, porque sem base religiosa a criatura não consegue progredir e viver dignamente. Poderá, sem dúvida vegetar na 'flora' das situações cômodas da Terra ou 'irracionalizar-se' na 'fauna' dos seres de sentimentos embrutecidos."

Arthur Joviano (Sementeira de luz, p. 516)

"Infelizmente, os países de formação católica romana, como o nosso, sofrerão muito mais! Houve descuido clamoroso no campo educativo das massas. E agora, à frente de um mundo novo, transformado em suas bases por fenômenos sociais de consequências imprevisíveis, as nações que atrasaram o movimento religioso da compreensão mais clara da vida são chamadas a reajustamento, que se lhes afigura doloroso. Para nós, os daqui do plano espiritual, a situação é a mais lógica possível."

Arthur Joviano (Sementeira de luz, p. 611)

REMÉDIO

"Veja que não é preciso 'morrer' para estarmos vivendo no círculo de remédios e providências, intrinsecamente espirituais. Muitos encarnados recebem assistência médica dessa ordem."

Arthur Joviano (Sementeira de luz, p. 370)

RENOVAÇÃO

"Basta um olhar sobre a Terra ou nos nossos círculos espirituais mais próximos do planeta para compreendermos que o nosso conjunto é de renovação e aperfeiçoamento dos laços."

Arthur Joviano (Sementeira de luz, p. 203)

"O mal pode agitar-se e reunir miasmas perigosos, entretanto, sempre haverá renovação apesar da insídia do egoísmo e da ambição."

Arthur Joviano (Sementeira de luz, p. 294)

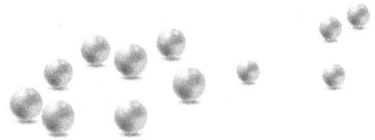

"*Todo trabalhador com tarefa definida, na administração ou na obediência, na educação ou na difusão da luz sofrerá esses abalos íntimos – fenômenos sísmicos do coração, destruindo e renovando, e esmagando para levantar novamente.*"

Arthur Joviano (Sementeira de luz, p. 467)

"*Não podemos acreditar em fácil renovação, nem devemos esperar crescimento imediato dos pequeninos germes de ideia nova, evangelicamente falando.*"

Arthur Joviano (Sementeira de luz, p. 502)

"*O que deve apelar para as nossas almas é o presente em favor do amanhã triunfante, com bastante renovação interior que nos habilite a recolher maiores dádivas da Bondade Divina.*"

Arthur Joviano (Sementeira de luz, p. 663)

RENÚNCIA

"*Não podemos nos esquecer de que na mais sublime missão havida sobre a Terra a personagem divina não alcançou senão a coroa de espinhos, em vez da auréola de rosas, senão o vinagre, em vez de vinho reconfortante ou da água regeneradora, senão a cruz em vez do repouso.*" [1]

Arthur Joviano (Sementeira de luz, p. 240)

---

[1] Em referindo-se a Célia Lucius|Alcíone - personagem dos livros *50 anos depois* e *Renúncia*, da lavra de Chico Xavier|Emmanuel (FEB), publicados em 1940 e 1944, respectivamente.

REPOUSO

"(...) o descanso está em nós mesmos, quando, nos momentos de entrelaçar projetos e comentar ternamente o desdobrar da vida, permutamos as almas em sublimes emoções, que só a linguagem espiritual conseguirá traduzir."

Arthur Joviano (Sementeira de luz, p. 322)

RESPONSABILIDADE

"Os que se caracterizam pelo passo seguro e firme são os que sabem medir a extensão das oportunidades recebidas, seguindo com a devida noção das responsabilidades assumidas."

Arthur Joviano (Sementeira de luz, p. 416)

"É indispensável varrer, varrer algumas nuvens e, sobretudo, chamar os companheiros ao mundo de si mesmos. A responsabilidade é nota obrigatória em todos os serviços novos. Não se pode prosseguir sem ela, nem mesmo nos serviços da bondade. Jesus não a desprezou momento algum!"

Arthur Joviano (Sementeira de luz, p. 430)

"Jesus não fez outra coisa quando veio à Terra despertar a alma humana para a verdade e para o bem. Deu-nos quanto podíamos receber e há quase dois mil anos estamos no esforço de contribuir com a nossa parte no setor do entendimento e da aplicação."

Arthur Joviano (Sementeira de luz, p. 578)

"Não se atormente diante de tão pouco. No serviço de um homem, e ainda de um homem chamado à responsabilidade da mordomia, os atritos de opinião constituem alguma coisa de inevitável."

Arthur Joviano (Sementeira de luz, p. 599)

S

PÉROLAS

SABEDORIA

"(...) o poder é grande coisa, mas o saber é melhor e maior!"

Arthur Joviano (Sementeira de luz, p. 550)

"Acima de sua possibilidade, que é incontestável, coloque a sabedoria, que é prudente."

Arthur Joviano (Sementeira de luz, p. 550)

"Às vezes, é preciso usar o silêncio em grande escala para que a verdade fale de si mesma."

Arthur Joviano (Sementeira de luz, p. 550)

SACRIFÍCIO

"O cenário de quem deseja trabalhar sinceramente no mundo é quase sempre este: sacrifícios, incompreensões, pesares e dissabores inúmeros na pauta dos hábitos humanos."

Arthur Joviano (Sementeira de luz, p. 174)

"O valor do sacrifício é cheio de expressões imortais. Ele sela o caminho com luzes que jamais se apagam."

Arthur Joviano (Sementeira de luz, p. 203)

"É uma figura sublime a de João Batista, profundamente sozinho no deserto, ensinando aos que não queriam ouvir, até que lhe recompensaram o espírito de sacrifício com o cárcere e a decapitação. No grande edifício do Evangelho, tem ele uma posição destacada."

Arthur Joviano (Sementeira de luz, p. 467)

SALVAÇÃO

"A porta de salvação está aberta para todos. Entretanto, são raros os que se dispõem a partir pela prática do bem, pelo abandono de todo egoísmo, pela dedicação perene à boa luta, aquela que enobrece o espírito e lhe fornece nova luz."

Arthur Joviano (Sementeira de luz, p. 193)

"Se o salvacionismo do mundo dependesse apenas da proteção de Jesus, a Terra desde muito seria um paraíso."

Arthur Joviano (Sementeira de luz, p. 600)

SAÚDE

"O problema da serenidade interior é tão profundo, tão importante à saúde, que sabemos aqui que mães numerosas envenenam seus filhinhos, involuntariamente, através do leite, quando se empolgam pelas contrariedades comuns, pelas disposições fluídicas antipáticas."

Arthur Joviano (Sementeira de luz, p. 209)

"Continuemos arquivando no coração a essência das coisas eternas e a nossa saúde espiritual permanecerá firme para todos os trabalhos e testemunhos com Jesus e por Jesus."

Arthur Joviano (Sementeira de luz, p. 243)

"A saúde física é um tesouro cheio de utilidades preciosas, em todos os detalhes da passagem pelo planeta."

Arthur Joviano (Sementeira de luz, p. 339)

"(...) a manutenção da saúde deve ser um culto para todos nós."

Arthur Joviano (Sementeira de luz, p. 418)

"Se existem aí médicos preocupados, os nossos benfeitores manifestam muito maior preocupação e mais interesse eficiente, no sentido de preservação geral da saúde coletiva."

Arthur Joviano (Sementeira de luz, p. 427)

"Compreensão espiritual da vida e observação do método necessário representam 75% de todas as curas (...)."

Arthur Joviano (Sementeira de luz, p. 574)

"Um dos piores inimigos da saúde humana é o vento pelas frestas das costelas, assevera um amigo daqui e dou-lhe plena razão."

Arthur Joviano (Sementeira de luz, p. 621)

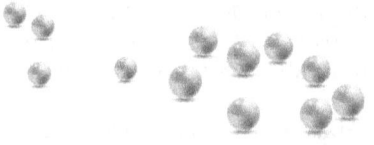

SEMEAR

"Levemos à nossa semeadura milenária o adubo da harmonia, do perdão, do esquecimento do mal. (...) 'Se for necessário, voltaremos mil vezes'." [1]

Arthur Joviano (Sementeira de luz, p. 257)

"É indispensável grande paciência e muita coragem para nós que temos perseverado com o verbo 'semear'. Uma luta constante a nossa. Quase exaustos, por vezes, só mesmo a providência de Jesus nos reergue o bom ânimo."

Arthur Joviano (Sementeira de luz, p. 450)

"(...) devemos conhecer o preço de cada aquisição, por mínima que seja. Creio que um dos preços mais dolorosos é aquele que corresponde às tarefas da semeadura proveitosa."

Arthur Joviano (Sementeira de luz, p. 450)

"Semear imprevidentemente é esforço para qualquer não menos consciente e responsável, mas garantir a semente e a continuidade do seu desenvolvimento no solo, nem sempre fecundo, é serviço quase angustioso, porque a vigília, a canseira, a preocupação dominam o trabalhador em todas as circunstâncias."

Arthur Joviano (Sementeira de luz, p. 450)

---

[1] De Célia Lucius|Alcíone - personagem dos livros *50 anos depois* e *Renúncia*, da lavra de Chico Xavier|Emmanuel (FEB), publicados em 1940 e 1944, respectivamente.

" 'O semeador saiu a semear', constante da parábola do Mestre, é uma das grandes imagens do ensinamento evangélico.[2] Ele foge ao limite, à predeterminação, à medida prévia, para sair a semear aos punhados, 'fazendo o bem sem olhar a quem', arrebanhando trabalho sem fixar nem mesmo os preconceitos mais comezinhos do serviço."

Arthur Joviano (Sementeira de luz, p. 460)

" (...) à medida que se desenrolam as cortinas do tempo, também não creio em colheitas imediatas da semeadura em curso, mas creio profundamente na semeadura, porque o potencial germinativo procede de Deus."

Arthur Joviano (Sementeira de luz, p. 460)

"O serviço do semeador de boa vontade é tarefa, por vezes, muito áspera."

Arthur Joviano (Sementeira de luz, p. 465)

"Semear elementos divinos em promiscuidade com certas 'plantas de nossas paixões' não é de bom aviso. Limpemos a "terra", arroteemo-la como se faz necessário, pois somente assim haverá felicidades na semeadura."

Arthur Joviano (Sementeira de luz, p. 517)

"'Grande é a seara e poucos os ceifeiros'. Prossigamos alimentando a alma faminta da multidão nos rumos do porvir!"

Arthur Joviano (Sementeira de luz, p. 666)

---

[2] Em referindo-se à parábola do semeador (Lucas, 8: 4-15).

SENSIBILIDADE

"A sensibilidade do discípulo do Evangelho é diferente do sentimentalismo do mundo em geral. Não sofre pela incompreensão que sofre de outrem e sim pela incompreensão com que os outros encaram o bem geral."

Arthur Joviano (Sementeira de luz, p. 599)

SENTIMENTO

"A purificação dos sentimentos verifica-se, tão-somente, no cadinho doloroso dos séculos."

Arthur Joviano (Sementeira de luz, p. 134)

"(...) das grades de uma prisão ou das janelas de uma escola dois prisioneiros ou dois discípulos estão no mesmo gesto de contemplação: um olha desajeitado para a lama do exterior, o outro, entretanto, contempla as estrelas do céu e encontra a beleza da vida."

Arthur Joviano (Sementeira de luz, p. 188)

"Sentimento que não vibra é potência que dorme imanifesta, raciocínio que não observa, nem escuta, é posto desguarnecido de vigilância."

Arthur Joviano (Sementeira de luz, p. 454)

"O homem alimenta-se quase que exclusivamente de coisas invisíveis e impalpáveis. É aí dentro, na esfera do sentimento e do coração, que estão situadas as nascentes do rio da paz. Sem o coração atendido, o cérebro falseia atormentado. Sem alimento da alma, a nutrição do corpo é deficiente e precária."

Arthur Joviano (Sementeira de luz, p. 487)

"Benditas as bocas que amem a conversação construtiva, os sentimentos que vibram em uníssona fé, vigorosa e santa!"

Arthur Joviano (Sementeira de luz, p. 489)

"No ideal construtivo do sentimento afeiçoado a Jesus, é preciso suportar as dificuldades do caminho áspero."

Arthur Joviano (Sementeira de luz, p. 533)

SERVIÇO

"(...) todo serviço útil, em sua origem, pertence ao Pai. Ele determina as tarefas e modifica a instrumentalidade por desígnios sábios que não nos é dado penetrar, por enquanto."

Arthur Joviano (Sementeira de luz, p. 367)

"Enquanto o Senhor nos conceder os seus títulos de serviço, procuremos servir sem preocupações, protegendo a semente e os germes dela para o futuro infinito e nobre no amanhã que há de vir. Jesus nos inspirará os melhores meios à ação."

Arthur Joviano (Sementeira de luz, p. 451)

"O serviço é a dignidade da alma em todas as situações."

Arthur Joviano (Sementeira de luz, p. 488)

"Mente no Alto e coração firme, e seguiremos com Jesus para a sua obra, que é o nosso mais elevado e santo serviço, em qualquer lugar onde estivermos!"

Arthur Joviano (Sementeira de luz, p. 499)

"(...) grande é o campo de serviço e o Senhor, sempre magnânimo, dá sempre de acordo com as possibilidades de aproveitamento do trabalhador."

Arthur Joviano (Sementeira de luz, p. 513)

"Estamos diante de campos infinitos e em cada experiência edificante começamos a jornada a grande número e, sem exceção, termina-se o serviço de determinado setor em solidão espiritual, como aconteceu ao próprio Cristo."

Arthur Joviano (Sementeira de luz, p. 554)

"(...) que a existência terrestre não está limitada às operações do dia e que as nossas noites, quando encarnados, estão cheias de serviço benéfico e construtivo."

Arthur Joviano (Sementeira de luz, p. 562)

"A existência não vale pela tabela dos anos que o corpo suportou no clima planetário, vale pelos serviços feitos no domínio da edificação íntima para a vida eterna."

Arthur Joviano (Sementeira de luz, p. 589)

"Atenda ao seu dia, cultivando a lavoura do serviço e edificando o castelo da paz, a fim de que a harmonia presida os seus movimentos."

Arthur Joviano (Sementeira de luz, p. 653)

"Atendamos ao campo que o Senhor nos concedeu. Peçamos a Ele forças e inspirações, e prossigamos para a frente. Os anos terrenos com Jesus são também laços daquele 'jugo suave' e 'expressões milagrosas' daquele 'fardo leve' a que se referem as lições evangélicas."

Arthur Joviano (Sementeira de luz, p. 657)

SERVIR

"Felizes de nós que guardamos a santa oportunidade de serviço com Cristo."

Arthur Joviano (Sementeira de luz, p. 285)

"Louvemos a Deus trabalhando e busquemos servir rendendo graças ao Senhor! Este o programa cristão de nossas estradas novas."

Arthur Joviano (Sementeira de luz, p. 561)

"(...) o homem que serve é sempre o maior beneficiado, porque, constituindo-se em veículo de socorro, ele recebe esse socorro em primeiro lugar para atender com eficiência."

Arthur Joviano (Sementeira de luz, p. 582)

"Assim também ocorre com o amigo que adere espontaneamente aos serviços do bem. Quando sabe reter os benefícios que lhe ficam nas mãos e no coração, cultivando-os com a eficiência e vigilância precisas, então conquista muito tempo e elimina muitos óbices para atingir a posição dos espíritos benfeitores (...)."

Arthur Joviano (Sementeira de luz, p. 582)

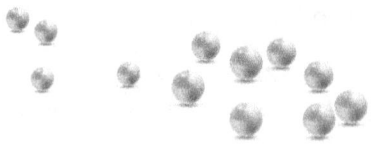

SERVOS

"(...) não podemos nos esquecer de que, em todos os dias que passam, há servos gloriosos do Altíssimo velando com Jesus pelos destinos do orbe inteiro."

Arthur Joviano (Sementeira de luz, p. 224)

"(...) o costume tradicional da Cristandade, de colocar determinados dias sob a atenção carinhosa de determinados servos leais de Jesus Cristo, representa uma recordação muito interessante e sagrada por ligar a memória dos que souberam trabalhar com o esforço daqueles que se encontram no mundo aprendendo a fazê-lo."

Arthur Joviano (Sementeira de luz, p. 224)

SILÊNCIO

"O silêncio com o amor tem uma voz mais poderosa que todas as possibilidades de som da natureza terrestre."

Arthur Joviano (Sementeira de luz, p. 191)

"Para certas incumbências, o silêncio se faz indispensável. É mais solene e mais doce que o verbo, algumas vezes."

Arthur Joviano (Sementeira de luz, p. 340)

SINTONIA

"A harmonia de relações entre o plano terrestre e o espiritual depende do encarnado desejar esse intercâmbio, como deve ser feito."

Arthur Joviano (Sementeira de luz, p. 232)

"(...) a maior sintonia proporciona maior capacidade de percepção e as esferas que nos ficam mais altas também se manifestam a nós outros com mais intensidade e expressão."

Arthur Joviano (Sementeira de luz, p. 449)

SOFRIMENTO

"Nossos padecimentos nem foram imerecidos, nem se verificaram em vão. De todos eles foram extraídos numerosos proveitos para todos nós."

Arthur Joviano (Sementeira de luz, p. 243)

"Não há calmaria mais penosa que o impulso de satisfação ao mundo, nem tempestade mais violenta que os grandes sofrimentos a desabarem sobre o coração."

Arthur Joviano (Sementeira de luz, p. 246)

"Estamos plantando no mundo finito para as colheitas no Infinito, construindo no seio de limitações terrestres para aproveitamento no ilimitado. Ah, se todos os homens pudessem fazer o mesmo! Reduzidíssima seria, desde agora, a percentagem dos sofrimentos de qualquer expressão!"

Arthur Joviano (Sementeira de luz, p. 508)

"(...) à medida que sofrer com o seu ideal, mais claro se fará sentir o caminho para o futuro e não devemos permutar luzes por sombras, valores eternos por votos efêmeros. Continuemos no serviço da edificação necessária."

Arthur Joviano (Sementeira de luz, p. 653)

SOLO

"O solo tem problemas educativos tão importantes quanto aqueles que se indicam para os planos mentais da criatura!"

Arthur Joviano (Sementeira de luz, p. 286)

"O nosso Mestre divino é o senhor das almas no planeta, como é senhor do solo e das coisas que nele existem."

Arthur Joviano (Sementeira de luz, p. 451)

SONHO

"(...) não se impressione com os sonhos, pois nem sempre significam o nosso encontro real."

Arthur Joviano (Sementeira de luz, p. 125)

"(...) nos fenômenos do sonho, o nosso intercâmbio espiritual é muito maior que se possa imaginar."

Arthur Joviano (Sementeira de luz, p. 309)

"Se vocês guardassem a totalidade das experiências noturnas, talvez nunca pudessem atender aos deveres diurnos. É indispensável manter a lei do equilíbrio. Esperemos o tempo das realizações maiores, operando e cooperando nas realizações do momento presente."

Arthur Joviano (Sementeira de luz, p. 587)

SONO

"Quando as energias físicas descansam, as forças espirituais se mantêm mais vivas."

Arthur Joviano (Sementeira de luz, p. 383)

O travesseiro é um bom amigo e não podemos dispensar-lhe o concurso, mormente na zona de atividades imediatas da Terra.

Arthur Joviano (Sementeira de luz, p. 400)

"(...) quanto mais elevada é a atitude da alma na vigília, mais elevação deve esperar no serviço que lhe será conferido nos trabalhos do sono físico, repouso aparente, repleto de atividades múltiplas para todas as criaturas."

Arthur Joviano (Sementeira de luz, p. 517)

"A vida espiritual de um homem depende exclusivamente dele. Na vigília, poderá adaptar-se a situações nem sempre verdadeiras. Mas na experiência de espiritualidade que faz cada noite, no plano invisível, cada qual se mostra tal qual é. Daí a necessidade de maiores serviços de autoexame, quando um sonho estranho venha ferir a sensibilidade."

Arthur Joviano (Sementeira de luz, p. 517)

T

ÉROLAS

TEMPO

"O tempo passa modificando todas as coisas e se ele transforma a fisionomia das criaturas e renova a face das coisas a morte o acompanha, transformando os cenários onde se desenvolvem as nossas atividades mundanas."

Arthur Joviano (Sementeira de luz, p. 91)

"Deus não nos falta nunca com as ótimas oportunidades de valorização do tempo."

Arthur Joviano (Sementeira de luz, p. 162)

"Os elos que nos unem não estão circunscritos a uma cadeia estreita de tempo, mas sim perdem-se na sucessão de tempos infinitos."

Arthur Joviano (Sementeira de luz, p. 177)

"(...) o tempo, numa escola como a Terra, deve ser valorizado em sua justa expressão por todas as formas suscetíveis de intensificar o nosso progresso. Dentro dessa concepção, o passado e o futuro quase passam a não existir, porque são as margens de um só caminho e esse caminho é o presente do espírito."

Arthur Joviano (Sementeira de luz, p. 182)

"O tempo passa, os dias seguem seu curso, mas venturosa é a alma que guardou o bem, que o praticou, conservando-lhe os princípios sagrados."

Arthur Joviano (Sementeira de luz, p. 198)

"Antigamente, no curso dos anos que se sucederam, assinalando acontecimentos terrestres, muitas vezes agimos de modo menos desejável, eliminando as expressões de fraternidade na estrada do tempo. Agora, porém, devemos experimentar imenso júbilo, porque estamos recompondo os elos sagrados da corrente luminosa que nos unirá uns aos outros até Deus."

Arthur Joviano (Sementeira de luz, p. 198)

"A vida tem os seus movimentos incessantes, modifica as formas, renova as diretrizes. O tempo é o seu braço de ferro, inacessível a qualquer modificação no seu modo de agir."

Arthur Joviano (Sementeira de luz, p. 277)

TERRA

"O problema da Terra (...) é problema de amor, de compreensão, de vida."

Arthur Joviano (Sementeira de luz, p. 399)

"O mérito da escola, talvez o maior, é o de alongar-nos a visão, aperfeiçoando-a. Entendamos a Terra sob novo prisma, catalogando-a como a grande escola de Jesus. Não é, porventura, o título de mestre um dos maiores que exorna o espírito divino do Filho de Deus?"

Arthur Joviano (Sementeira de luz, p. 408)

TESOUROS

"(...) o otimismo e a confiança em Deus devem ser defendidos quais tesouros inapreciáveis."

Arthur Joviano (Sementeira de luz, p. 294)

"(...) o que o espírito edifica, no campo da elevação digna, é o tesouro imortal simbolizado pelo próprio Jesus, quando nos aconselhou a aquisição das 'riquezas inacessíveis ao poder das traças e à cobiça dos ladrões'."

Arthur Joviano (Sementeira de luz, p. 508)

"(...) saúde do corpo e paz do espírito - os dois grandes dons pelos quais devemos insistir sempre, trabalhando e cumprindo as divinas leis."

Arthur Joviano (Sementeira de luz, p. 535)

"É preciso guardar sempre o coração, porque onde o colocamos aí reside o nosso tesouro."

Arthur Joviano (Sementeira de luz, p. 592)

"O esforço persistente a que se entregou, 'garimpando' as gemas da sabedoria nas letras evangélicas, não é vão. No mundo de agora, você não achará bolsa para operar nesse comércio de valores definitivos, mas, de fato, é melhor que assim seja. Suas reservas do 'lado de cá' serão maiores, seus títulos obterão maior rendimento."

Arthur Joviano (Sementeira de luz, p. 653)

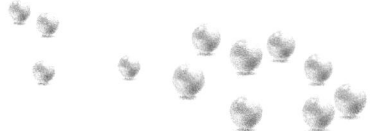

"Apenas se pede ao depositante desse 'ouro divino' que não haja esmorecimento, que prossiga em tarefa incessante e metódica nas águas do 'rio sublime', porque os tesouros são efetivamente infinitos e as possibilidades, sem conta."

Arthur Joviano (Sementeira de luz, p. 653)

TESTEMUNHO

"(...) todo testemunho do homem tem alguma coisa do horto e do calvário. Prossigamos, todavia, crentes de que a vitória é do bem, porque o Senhor 'está no leme' (...)."

Arthur Joviano (Sementeira de luz, p. 373)

TRABALHO

"Se no trabalho espiritual precisamos esvaziar o coração das preocupações do mundo, na missão terrena e na tarefa material precisamos de todas as energias do mundo para o bom combate."

Arthur Joviano (Sementeira de luz, p. 137)

"Belo é o campo do trabalho e tão maravilhoso que sua grandeza não se revela imediatamente a todos. A preguiça, o desalento, a desesperança não encontram caminhos de acesso."

Arthur Joviano (Sementeira de luz, p. 292)

"O trabalho é o nosso júbilo de cada dia, material ou espiritualmente falando."

Arthur Joviano (Sementeira de luz, p. 313)

"Trabalhemos e passemos, como quem sabe que o serviço é de Jesus e que estamos passando para nos integrarmos com o Senhor."

Arthur Joviano (Sementeira de luz, p. 324)

"O Cristo igualmente, se o lembrarmos como trabalhador divino, em sua exposição de luzes na Terra, não conheceu constipações, mas recebeu a cruz. Não foi também o percalço ao serviço?"

Arthur Joviano (Sementeira de luz, p. 338)

"(...) a luta é quadro para ensinamento a nós todos e qualquer que ela seja deve encontrá-lo de pé para o trabalho útil."

Arthur Joviano (Sementeira de luz, p. 359)

"O homem não deve apenas viver como homem, mas, acima de tudo, como espírito, em local de trabalho ativo."

Arthur Joviano (Sementeira de luz, p. 379)

"Os que se envolvem nos fluidos carnais costumam esperar a noite para verificar os resultados dos esforços dispendidos no dia. Os que se desligaram da Terra costumam aguardar o dia para identificar as equações dos trabalhos efetuados durante a noite."

Arthur Joviano (Sementeira de luz, p. 410)

"No prosseguimento de nossos trabalhos, descortinaremos os vastos horizontes da vida eterna."

Arthur Joviano (Sementeira de luz, p. 561)

"Amem, filhos, o trabalho que o divino Mestre lhes confiou. Nele encontrarão abençoados mananciais de alegria e iluminação."

Arthur Joviano (Sementeira de luz, p. 589)

"É muito triste, repetimos ainda hoje, observarmos amigos à distancia da edificação necessária, perdendo o tempo sagrado em estéreis lamentações."

Arthur Joviano (Sementeira de luz, p. 589)

"Geralmente, no jardim do trabalho, há sempre detalhes que mais nos chamam a atenção. Isso é natural e fatal. É da luta humana e do quadro da vida."

Arthur Joviano (Sementeira de luz, p. 592)

"(...) para o trabalhador fiel nunca há extinção de trabalho na casa infinita de Deus."

Arthur Joviano (Sementeira de luz, p. 619)

"Esperemos, trabalhando. Paulo de Tarso foi instrumento do grande ensino de 'que tudo coopera para o bem dos que amam a Deus'."

Arthur Joviano (Sementeira de luz, p. 624)

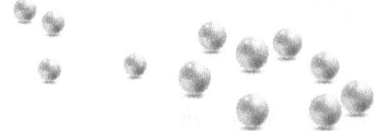

"O contentamento do espírito no trabalho do Senhor torna o coração mais dócil à Sua vontade."

Arthur Joviano (Sementeira de luz, p. 635)

"Haja o que houver, haverá sempre luz e realização, pão da luta benéfica e água viva da fé, solucionando seus problemas de trabalhador dedicado e sincero."

Arthur Joviano (Sementeira de luz, p. 653)

"Vamos trabalhar e seguir para diante! Nossa meta é o amor divino vitorioso e nossa embarcação é o serviço permanente aos semelhantes. Nunca nos faltará o socorro celeste."

Arthur Joviano (Sementeira de luz, p. 663)

TREVAS

"As esferas inferiores da Terra não perdoam àqueles que procurem ascender."

Arthur Joviano (Sementeira de luz, p. 463)

"Em geral, contemplam os degraus superiores da escada luminosa da vida, exaltam-lhe as belezas, mas nunca se decidem a subir."

Arthur Joviano (Sementeira de luz, p. 463)

"Os peixes monstruosos que habitam as trevas do abismo não compreendem os companheiros que se embeberam na contemplação da luz solar, na leveza do elemento mais delicado e sutil."

Arthur Joviano (Sementeira de luz, p. 463)

TOLERÂNCIA

"A maioria das criaturas procura a tranquilidade e o ideal onde não se encontram. A verdadeira ventura está na tolerância mútua (...)."

Arthur Joviano (Sementeira de luz, p. 95)

TRISTEZA

"Tudo, pois, vai correndo bem, a caminho do melhor! Não asilemos nem o sinal de tristeza, porque a tristeza é uma noite longa na habitação de nosso espírito."

Arthur Joviano (Sementeira de luz, p. 475)

U

ÉROLAS

UNIÃO

"Unamo-nos na fé, meditando nas luzes do imenso por-vir que nos aguarda, no caminho da vida imortal."

Arthur Joviano (Sementeira de luz, p. 166)

"Estaremos juntos sempre, porque a união real e perma-nente é de almas."

Arthur Joviano (Sementeira de luz, p. 361)

"No mundo, no ponto de vista de exterior, tudo é trân-sito. Mas no reino de alma a união é eterna e a nossa deve ser motivo à grande consolação."

Arthur Joviano (Sementeira de luz, p. 365)

"A única força que o tempo não desloca, e antes, au-menta sempre, é a do amor."

Arthur Joviano (Sementeira de luz, p. 277)

"O passado para os erros, o presente para nós, o futuro para nós todos. Essa ideia consola e edifica-nos a aspiração."

Arthur Joviano (Sementeira de luz, p. 297)

"O tempo é o tesouro da alma que Deus sempre nos concede a mancheias e a tarefa terrestre é verdadeiramente santificante para os que desejem aprender com o Cristo."

Arthur Joviano (Sementeira de luz, p. 421)

"Contemos com a luta e aproveitemos o tempo, agindo com o Senhor. Somente assim é possível angariar novas aquisições para a vida eterna."

Arthur Joviano (Sementeira de luz, p. 421)

"O presente será sempre uma colheita do passado, como o presente é a semeadura do porvir."

Arthur Joviano (Sementeira de luz, p. 502)

"Cem anos para quem acorda nas verdades espirituais representam alguns dias de período infantil!"

Arthur Joviano (Sementeira de luz, p. 581)

"O presente é nosso para que construamos com vistas ao porvir, mas o futuro, de fato, pertence a ele, nosso Mestre e Senhor."

Arthur Joviano (Sementeira de luz, p. 605)

V

Pérolas

VALORES

"Os nossos amigos do mundo, em sua maioria, andam esquecidos de que há também um mercado de valores santos, uma feira divina, onde as aquisições têm o cunho luminoso da Eternidade. O dinheiro, porém, para semelhante movimentação de interesse da alma eterna não traz a efígie de César, mas o sinal de Deus, e esse sinal está no coração puro e simples (...)."

Arthur Joviano (Sementeira de luz, p. 221)

"Nos tempos atuais, em que a inversão de valores é quase completa, sofrer a injustiça é quase também uma honra."

Arthur Joviano (Sementeira de luz, p. 372)

"(...) os melhores trabalhos não são aqueles que despertam a mais forte emoção, mas os que proporcionam os maiores valores educativos."

Arthur Joviano (Sementeira de luz, p. 384)

"À medida que amontoe dentro de você os valores do entendimento espiritual, mais lutas encontrará à sua frente. Isso é uma fatalidade nos domínios do espírito, como as afinidades químicas no domínio da matéria."

Arthur Joviano (Sementeira de luz, p. 611)

"A confiança em Deus, com aproveitamento dos valores divinos nas lições de cada dia, é a única estrada de acesso às regiões superiores da vida."

Arthur Joviano (Sementeira de luz, p. 623)

VERDADE

"A verdade, cada dia, levanta novas dobras de seu infinito véu, mas o amor prevalece sempre no coração, dilatando-se à Eternidade e atravessando os abismos da morte."

Arthur Joviano (Sementeira de luz, p. 266)

"O mundo tem muitas teorias, mas a verdade é um patrimônio para os corações."

Arthur Joviano (Sementeira de luz, p. 282)

"Restabelecer verdades é agravar a animosidade dos que apoiam a hipocrisia e seu desassombro não pode provocar a sinceridade dos que se distanciam das boas intenções."

Arthur Joviano (Sementeira de luz, p. 364)

"O que permanece no coração que ama é a verdade."

Arthur Joviano (Sementeira de luz, p. 466)

"(...) é muito grande a movimentação do plano espiritual no sentido de articular os princípios da verdade renovadora com vistas à nova era!"

Arthur Joviano (Sementeira de luz, p. 495)

VIAJAR

"Viajar em serviço é sempre um belo trabalho, mais construtivo que parece à primeira vista. Os que se ausentam para repousar nem sempre alcançam seus fins. Por vezes, as leviandades alheias enchem-lhes os ouvidos de venenosas banalidades."

Arthur Joviano (Sementeira de luz, p. 459)

"(...) os que partem da estação sagrada do lar, observando e construindo, encontram sempre formosos motivos de elevação espiritual."

Arthur Joviano (Sementeira de luz, p. 459)

VIBRAÇÃO

"Não somente com papel e lápis se poderia saudar alguém. Mais que tudo é com o espírito, usando as vibrações da alma que nos comunicamos uns com os outros. A lembrança é palestra íntima."

Arthur Joviano (Sementeira de luz, p. 318)

"Guardar vibrações sombrias é dissipar a própria saúde."

Arthur Joviano (Sementeira de luz, p. 371)

"Todas as vibrações maléficas recaem sobre a própria humanidade, que as produz. Impossível retirar os efeitos amargos, sentindo a preponderância e continuidade das causas, igualmente amargosas."

Arthur Joviano (Sementeira de luz, p. 456)

"Estamos informados de que há um grande esforço, desenvolvido por inteligências muito evoluídas, com a finalidade de transformar, pelo mínimo, as vibrações destruidoras da guerra, no imenso laboratório da natureza planetária."

Arthur Joviano (Sementeira de luz, p. 456)

"(...) as missões coletivas de ódio, vingança, perseguição, pilhagem, desespero, enfermidade e morte criam nos infinitos reservatórios atmosféricos verdadeiras culturas de venenos sutis, mais especificamente definidos por 'larvas potenciais', que é preciso combater com todos os recursos ao nosso alcance."

Arthur Joviano (Sementeira de luz, p. 456)

"Chegados a certos conhecimentos e processos da lei de reciprocidade, no que se refere às vibrações e poderes de nosso mundo íntimo, o equilíbrio pessoal vai se fazendo naturalmente, tornando-se cada vez mais independente das circunstâncias e excitações exteriores."

Arthur Joviano (Sementeira de luz, p. 499)

VIDA

"(...) a vida é um conjunto de grandes demonstrações do poder de Deus, mas essas grandes revelações se ajustam em pequeninos detalhes que jamais se deve esquecer."

Arthur Joviano (Sementeira de luz, p. 211)

"Tudo é a vida, a rede de sonhos e esperanças que vamos tecendo sob as vistas de Deus."

Arthur Joviano (Sementeira de luz, p. 276)

"Os que disseram nos livros que a existência é uma luta estão certos, mas são raros os que reconhecem que a luta essencial não é das armas ou possibilidades exteriores: é aquela que vibra, em nós mesmos, onde somos campo, espada, general e soldado."

Arthur Joviano (Sementeira de luz, p. 289)

"A vida com a fé nunca experimentará o terror da separação."

Arthur Joviano (Sementeira de luz, p. 325)

"A vida deve ser bom ânimo, coragem, disposição sincera na execução da vontade divina (...)."

Arthur Joviano (Sementeira de luz, p. 335)

"Não conduzamos despojos em nosso mundo íntimo. Conduzamos a vida."

Arthur Joviano (Sementeira de luz, p. 368)

"É claro que o ambiente doméstico está repleto de trabalhos, os mais urgentes e construtivos, mas cremos oportuna, na atualidade terrestre, uma boa preparação para a luta edificante da vida, em todos os setores nos quais essa luta se nos apresente."

Arthur Joviano (Sementeira de luz, p. 488)

"A vida é o sublime dom de Deus.(...) Seria contrassenso internarmo-nos pela floresta das complicações terrenas sem objetivos fundamentais para o nosso progresso e sem nenhuma expressão de serviço divino, quando o cume da montanha espiritual desafia nossa capacidade de voo e de integração com as esferas mais elevadas da vida."

Arthur Joviano (Sementeira de luz, p. 498)

"(...) a dor é um aviso santificado, o sofrimento é estímulo, a dificuldade é um desafio benéfico, a vida é uma continuada revelação de belezas imortais, porquanto o nosso dia está repleto de trabalho e luz, edificação e esperança."

Arthur Joviano (Sementeira de luz, p. 581)

VIGILÂNCIA

"Quantas vezes teremos perdido ensejos sacrossantos sobre bancos de areia ou nas ilhas desertas e áridas! A vigilância de hoje representa a consequência natural de numerosos sacrifícios e tormentos sem conta no passado escabroso."

Arthur Joviano (Sementeira de luz, p. 246)

VONTADE

"Na rotina de um trabalho terrestre, a energia é indispensável. Não se pode remover pedras tão-só com a invocação de palavras doces. É necessário o esforço, muito grande dose de esforço."

Arthur Joviano (Sementeira de luz, p. 200)

"No mundo, quando nos investimos de uma responsabilidade material, necessitamos estar convencidos de que temos poderes dos quais é preciso saber dispor. É o instrumento tangível que abre caminhos para outros."

Arthur Joviano (Sementeira de luz, p. 200)

POSFÁCIO

PÉROLAS DA ESPIRITUALIDADE

Senhores e irmãos em Cristo,

Cabe-me, primeiramente, o dever de deixar bem claro quanto ao meu despreparo para aqui estar, na condição de instrumento, neste posfácio, fazendo o encerramento deste livro, fruto de um trabalho de relevada e sublime importância, tais as informações trazidas pelo amigo espiritual Neio Lúcio, por meio das mãos abnegadas de nosso inesquecível Francisco Cândido Xavier.

Compulsados do livro **Sementeira de luz**, organizado por Wanda Amorim Joviano e editado pela Vinha de Luz Editora da Casa de Chico Xavier de Pedro Leopoldo (MG), no ano de 2006, as frases e os textos apresentados neste volume foram coletados e reunidos aqui com o propósito de tão-somente engrandecer o nosso aprendizado, nos estudos do dia a dia.

Possam, portanto, as pérolas da Espiritualidade - aqui incrustadas na condição de joias valiosas - colaborarem no esclarecimento daqueles que delas se valerem, expositores ou não de nossa sacrossanta Doutrina

Espírita, pela luz, em forma rápida e sintetizada, sempre dentro dos propósitos e do objetivo dos benfeitores do Mundo Maior, face à dinâmica atual, que assim o exige em nossos tão corridos dias.

Busquemos todos nós, caro leitor, tirar o melhor proveito das ilações que aqui nos foram ofertadas e que os nossos bondosos Neio Lúcio e Chico Xavier, em nome de nosso Mestre e Senhor Jesus, a todos nos auxiliem em nossa caminhada.

Com fraternos votos do irmão menor,

Braz José Marques

Conceição das Alagoas | Minas Gerais
29 de agosto de 2008
– Adaptado da primeira edição –

REFERÊNCIA BIBLIOGRÁFICA

XAVIER, Francisco Cândido; AMORIM, Wanda Joviano (Org.). *Sementeira de luz*. Ditado pelo espírito Neio Lúcio. 3. ed. Belo Horizonte: Vinha de Luz, 2008.

BIBLIOGRAFIA INDICADA

XAVIER, Francisco Cândido. *Agenda cristã*. Ditado pelo espírito André Luiz. Rio de Janeiro: Federação Espírita Brasileira, 1948.

XAVIER, Francisco Cândido. *Ave, Cristo!* Ditado pelo espírito Emmanuel. Rio de Janeiro: Federação Espírita Brasileira, 1953.

XAVIER, Francisco Cândido. *Alvorada cristã*. Ditado pelo espírito Neio Lúcio. Rio de Janeiro: Federação Espírita Brasileira, 1948.

XAVIER, Francisco Cândido. *A terra e o semeador*. Ditado pelo espírito Emmanuel. São Paulo: IDE, 1975.

XAVIER, Francisco Cândido; NETO, Geraldo Lemos (Org.) *Bastão de arrimo*. Ditado pelo espírito William Machado de Figueiredo. 2. ed. Belo Horizonte: União Espírita Mineira, 2011.

XAVIER, Francisco Cândido. *Caminho, verdade e vida*. Ditado pelo espírito Emmanuel. Rio de Janeiro: Federação Espírita Brasileira, 1949.

XAVIER, Francisco Cândido; WEGUELIN, João Marcos (Org.). *Chico Xavier - A aurora de uma vida entre o céu e a terra*. Ditado por espíritos diversos. Belo Horizonte: Vinha de Luz Editora, 2012.

XAVIER, Francisco Cândido; NETO, Geraldo Lemos; GONÇALVES, Sérgio Luiz Ferreira (Orgs.). *Chico Xavier - O primeiro livro*. Ditado por espíritos diversos. Belo Horizonte: Vinha de Luz Editora, 2010.

XAVIER, Francisco Cândido. *Coletânea do além*. Ditado por espíritos diversos. 2. ed. São Paulo: Feesp 1943.

XAVIER, Francisco Cândido; JOVIANO, Wanda Amorim (Org.). *Colheita do bem*. Ditado pelo espírito Neio Lúcio. Belo Horizonte: Vinha de Luz, 2010.

XAVIER, Francisco Cândido; NETO, Geraldo Lemos; JOVIANO, Wanda Amorim (Orgs.). *Depois da travessia*. Ditado por espíritos diversos. Belo Horizonte: Vinha de Luz Editora/Didier, 2013.

XAVIER, Francisco Cândido; NETO, Geraldo Lemos; JOVIANO, Wanda Amorim (Orgs.). *Deus conosco*. Ditado pelo espírito Emmanuel. 3. ed. Belo Horizonte: Vinha de Luz Editora, 2010.

XAVIER, Francisco Cândido. *Entrevistas*. Ditado pelo espírito Emmanuel. São Paulo: IDE, 1971.

XAVIER, Francisco Cândido. *Há 2000 anos...* . Ditado pelo espírito Emmanuel. Rio de Janeiro: Federação Espírita Brasileira, 1939.

XAVIER, Francisco Cândido; SOUZA, Cezar Carneiro de (Org.). *Iluminuras*. Ditado pelos espíritos Emmanuel e Neio Lúcio. 2. ed. Belo Horizonte: Vinha de Luz Editora, 2013.

XAVIER, Francisco Cândido. *Jesus no lar*. Ditado pelo espírito Neio Lúcio. Rio de Janeiro: Federação Espírita Brasileira, 1950.

XAVIER, Francisco Cândido. *Lázaro redivivo*. Ditado pelo espírito Irmão X. Rio de Janeiro: Federação Espírita Brasileira, 1946.

XAVIER, Francisco Cândido. *Libertação*. Ditado pelo espírito André Luiz. Rio de Janeiro: Federação Espírita Brasileira, 1949.

XAVIER, Francisco Cândido; WEGUELIN, João Marcos (Org.). *Lições para Angelita*. Ditado pelo espírito João de Deus. Belo Horizonte: Vinha de Luz Editora, 2012.

XAVIER, Francisco Cândido. *Luz acima*. Ditado pelo espírito de Irmão X. Rio de Janeiro: Federação Espírita Brasileira, 1948.

XAVIER, Francisco Cândido; TAVARES, Clóvis; TAVARES, Flávio Mussa (Orgs.). *Luz na Escola* - Chico Xavier na Escola Jesus Cristo de Campos | RJ. Ditado por espíritos diversos. Belo Horizonte: Vinha de Luz, 2010.

XAVIER, Francisco Cândido; JOVIANO, Wanda Amorim (Org.). *Militares no além*. Ditado por espíritos diversos. Belo Horizonte: Vinha de Luz Editora, 2008.

XAVIER, Francisco Cândido; SOUZA, Cezar Carneiro de (Org.). *Militares com Jesus*. Ditado por espíritos diversos. Belo Horizonte: Vinha de Luz Editora, 2013.

XAVIER, Francisco Cândido. *Missionários da luz*. Ditado pelo espírito André Luiz. Rio de Janeiro: Federação Espírita Brasileira, 1945.

XAVIER, Francisco Cândido. *No mundo maior*. Ditado pelo espírito André Luiz. Rio de Janeiro: Federação Espírita Brasileira, 1947.

XAVIER, Francisco Cândido. *Nosso lar*. Ditado pelo espírito André Luiz. Rio de Janeiro: Federação Espírita Brasileira, 1944.

XAVIER, Francisco Cândido. *Nosso livro*. Ditado por espíritos diversos. São Paulo: LAKE, 1950.

XAVIER, Francisco Cândido. *Obreiros da vida eterna*. Ditado pelo espírito André Luiz. Rio de Janeiro: Federação Espírita Brasileira, 1946.

XAVIER, Francisco Cândido. *O consolador*. Ditado pelo espírito Emmanuel. Rio de Janeiro: Federação Espírita Brasileira, 1941.

XAVIER, Francisco Cândido. *Os mensageiros*. Ditado pelo espírito André Luiz. Rio de Janeiro: Federação Espírita Brasileira, 1943.

XAVIER, Francisco Cândido. *Parnaso de além-túmulo*. Ditado por espíritos diversos. Rio de Janeiro: Federação Espírita Brasileira, 1932.

XAVIER, Francisco Cândido. *Paulo e Estêvão*. Ditado pelo espírito Emmanuel. Rio de Janeiro: Federação Espírita Brasileira, 1941.

XAVIER, Francisco Cândido. *Pontos e contos*. Ditado pelo espírito Irmão X. Rio de Janeiro: Federação Espírita Brasileira, 1951.

XAVIER, Francisco Cândido. *Renúncia*. Ditado pelo espírito Emmanuel. Rio de Janeiro: Federação Espírita Brasileira, 1944.

XAVIER, Francisco Cândido. *Reportagens de além-túmulo*. Ditado pelo espírito Humberto de Campos. Rio de Janeiro: Federação Espírita Brasileira, 1945.

XAVIER, Francisco Cândido; JOVIANO, Wanda Amorim (Org.). *Sementeira de luz*. Ditado pelo espírito Neio Lúcio. 4. ed. Belo Horizonte: Vinha de Luz Editora, 2012.

XAVIER, Francisco Cândido; JOVIANO, Wanda Amorim (Org.). *Sementeira de paz*. Ditado pelo espírito Neio Lúcio. Belo Horizonte: Vinha de Luz Editora, 2010.

XAVIER, Francisco Cândido. *Vem e ajuda*. Ditado pelo espírito Auta de Souza. [s.l. : s.n.], 19--.

XAVIER, Francisco Cândido; PERON, Fernando (Org.). *Viajantes - A Espiritualidade iluminando sua mente e seu coração através de Chico Xavier*. Ditado por espíritos diversos. Belo Horizonte: Vinha de Luz Editora, 2011. [Audiolivro]

XAVIER, Francisco Cândido. *Voltei*. Ditado pelo espírito Irmão Jacob. Rio de Janeiro: Federação Espírita Brasileira, 1949.

XAVIER, Francisco Cândido. *50 anos depois*. Ditado pelo espírito Emmanuel. Rio de Janeiro: Federação Espírita Brasileira, 1940.

LEIA TAMBÉM

LEIA TAMBÉM

SEMENTEIRA DE LUZ

Voltando à Terra no século XIX, Neio Lúcio encarna a personalidade de Arthur Joviano, cujo núcleo familiar, em missão redentora de um passado longínquo, conta com as presenças de personagens descritos nos romances *50 anos depois* e *Renúncia*. Desprendido em 1934, Neio Lúcio inicia sua comunicação com a família, através da mediunidade de Chico Xavier, em reuniões semanais de culto evangélico na casa de Rômulo Joviano, em Pedro Leopoldo | MG. As mensagens, repletas de sabedoria e amor extremado por todos aqueles com os quais conviveu, são bem a confirmação dos compromissos reparadores que assumimos na Espiritualidade, alicerçados nos ensinamentos de Jesus para nos tornarmos legítimos semeadores da Boa Nova.

PELO ESPÍRITO NEIO LÚCIO
PSICOGRAFIA DE FRANCISCO CÂNDIDO XAVIER
ORGANIZAÇÃO DE WANDA AMORIM JOVIANO

DEUS CONOSCO

DEUS CONOSCO é o livro que dá sequência às revelações espirituais inéditas da psicografia de Francisco Cândido Xavier, trazidas a lume pela prestimosa organização de Wanda Amorim Joviano, com a colaboração de Geraldo Lemos Neto. As mensagens, recebidas em sua maioria no culto doméstico do Evangelho no lar da família Joviano, nas décadas de 30 a 50, na Fazenda Modelo, em Pedro Leopoldo | MG, são de autoria de Emmanuel, o espírito responsável pela materialização da extensa bibliografia que tanto esclarecimento e consolação verteram da Vida Maior para a face da Terra, através das abnegadas mãos de Chico Xavier. DEUS CONOSCO nos traz de volta ao convívio os memoráveis discípulos do Cristo, ligados desde priscas eras, cuja missão foi a da revivescência do Cristianismo puro e simples dos tempos apostólicos, no coração humilde e generoso das terras pacíficas do Brasil.

PELO ESPÍRITO EMMANUEL
PSICOGRAFIA DE FRANCISCO CÂNDIDO XAVIER
ORGANIZAÇÃO DE WANDA AMORIM JOVIANO E
GERALDO LEMOS NETO

MILITARES NO ALÉM

Dentre os tesouros guardados por Wanda Amorim Joviano, MILITARES NO ALÉM, da lavra de Chico Xavier nos anos de 36 a 52, no mínimo surpreende pela atualidade das mensagens em torno da paz que a humanidade do século XXI tanto anseia. Fruto da sua ingente dedicação no desdobre das tarefas mediúnicas no culto do lar realizado durante muitos anos pelo *Grupo Doméstico Arthur Joviano*, na Fazenda Modelo, em Pedro Leopoldo | MG, esse livro relata, na perspectiva espiritual de muitos servidores da pátria, a realidade consoladora do *outro lado*, onde o trabalho pelo bem não cessa e a esperança é sentimento que inspira a vitória do amor preconizado por Jesus.

ESPÍRITOS DIVERSOS
PSICOGRAFIA DE FRANCISCO CÂNDIDO XAVIER
ORGANIZAÇÃO DE WANDA AMORIM JOVIANO

ILUMINURAS

ILUMINURAS é a primeira publicação de bolso da Vinha de Luz Editora. É composta de pensamentos e frases extraídos do livro *Deus conosco*, do venerável espírito Emmanuel, psicografado por Francisco Cândido Xavier nas décadas de 30 a 50, durante o culto cristão no lar do Dr. Rômulo Joviano, na Fazenda Modelo, em Pedro Leopoldo | MG. A riqueza dos ensinamentos evangélicos apresentados na obra fala por si só e atesta o amparo de nosso Senhor Jesus Cristo à divulgação da Doutrina Espírita, codificada pelo apóstolo Allan Kardec.

PELO ESPÍRITO EMMANUEL
PSICOGRAFIA DE FRANCISCO CÂNDIDO XAVIER
ORGANIZAÇÃO DE CEZAR CARNEIRO DE SOUZA

LEIA TAMBÉM

SEMENTEIRA DE PAZ

Volume que dá sequência ao roteiro de revelações espirituais do espírito de Neio Lúcio, que em última romagem terrena envergou a personalidade de Arthur Joviano, pai de Dr. Rômulo Joviano, diretor da Fazenda Modelo em Pedro Leopoldo | MG, onde Chico Xavier trabalhou por largos anos. As mensagens nele contidas surgiram espontaneamente pela psicografia de Chico Xavier a partir de 1935, na residência da família Joviano, na própria Fazenda Modelo, durante o culto do Evangelho no lar do *Grupo Doméstico Arthur Joviano*, a que Chico prazerosamente se dirigia depois de findos os seus trabalhos diuturnos, dando a *Deus o que é de Deus* após dar a *César o que é de César*. Recebidas por Chico Xavier de 1946 a 1948, as mensagens de Neio Lúcio foram batizadas de SEMENTEIRA DE PAZ, sendo esse novo livro, organizado por Wanda Joviano, dedicado ao centenário de nascimento de Chico Xavier (1910-2010), o *medianeiro do amor.*

PELO ESPÍRITO NEIO LÚCIO
PSICOGRAFIA DE FRANCISCO CÂNDIDO XAVIER
ORGANIZAÇÃO DE WANDA AMORIM JOVIANO

COLHEITA DO BEM

A autoria desse livro pertence ao professor Arthur Joviano, o estimado benfeitor espiritual que todos nós conhecemos com o nome de Neio Lúcio, personagem do romance *50 anos depois*, de quem recebemos valiosos ensinamentos dirigidos ao espírito imortal que vai vencer a morte e transpor os séculos. Chico Xavier psicografou as mensagens do livro durante o culto do Evangelho no lar da família Joviano, na Fazenda Modelo em Pedro Leopoldo, onde trabalhava. No *Colheita do bem* estão as páginas recebidas nos anos de 1949 a 1952, sendo, portanto, as últimas psicografadas na Fazenda Modelo, uma vez que em 1952 a família Joviano transferiu definitivamente sua residência para a cidade do Rio de Janeiro. *Colheita do bem* finaliza a série iniciada com o livro *Sementeira de luz*, seguido pelo *Sementeira de paz* — formando uma verdadeira trilogia da luz, da paz e do bem maior, que a todos nos une no carreiro da evolução espiritual para Deus.

PELO ESPÍRITO NEIO LÚCIO
PSICOGRAFIA DE FRANCISCO CÂNDIDO XAVIER
ORGANIZAÇÃO DE WANDA AMORIM JOVIANO

LEIA TAMBÉM

LUZ NA ESCOLA —
CHICO XAVIER NA ESCOLA JESUS CRISTO DE CAMPOS | RJ

Esse é um livro de Francisco Cândido Xavier, com mensagens psicografadas por ele durante visita de quatro dias à Escola Jesus Cristo, em Campos | RJ, em 1940. Contém comentários de seu organizador, Clóvis Tavares, testemunha ocular de todos os fenômenos ali ocorridos. Os textos desse volume representam uma reedição da sua primeira, pequena, única e esgotada edição, feita também em 1940, publicação de caráter doméstico da Escola Jesus Cristo, agora reeditada pela Vinha de Luz, que desempenha hoje um papel ímpar no resgate histórico da produção mediúnica de Chico Xavier.

ESPÍRITOS DIVERSOS
PSICOGRAFIA DE FRANCISCO CÂNDIDO XAVIER
ORGANIZAÇÃO DE CLÓVIS TAVARES E FLÁVIO MUSSA TAVARES

VIAJANTES —
A ESPIRITUALIDADE ILUMINANDO SUA MENTE E SEU CORAÇÃO ATRAVÉS DE CHICO XAVIER

Primeiro audiolivro da Vinha de Luz Editora, esse CD reúne 20 mensagens de espíritos diversos, psicografadas por Chico Xavier ao longo de seus 75 anos de labor mediúnico. Com um sugestivo título-tema e trilha sonora de rara beleza, VIAJANTES, organizado e interpretado por Fernando Peron, é um incentivo ao estudo sério e aprofundado de tão extraordinário patrimônio filosófico, científico e religioso legado a nós pelas mãos operosas e abençoadas de Chico Xavier.

ESPÍRITOS DIVERSOS
PSICOGRAFIA DE FRANCISCO CÂNDIDO XAVIER
ORGANIZAÇÃO E INTERPRETAÇÃO DE FERNANDO PERON

EDIÇÃO ESPECIAL

CHICO XAVIER — O PRIMEIRO LIVRO

Vinte anos antes de sua desencarnação, Chico Xavier revelou que sempre guardou no íntimo o desejo de publicar as belas produções mediúnicas que os amigos espirituais escreviam por seu intermédio, nos idos dos anos 20. Curiosamente, Chico confeccionava, com suas próprias mãos e com grande esforço, alguns exemplares com a finalidade de despertar os amigos para a possibilidade de um livro. Face à pobreza material com a qual vivia, ao médium restava a esperança de que algum desses amigos se interessasse pelo tema e, talvez, movimentasse os recursos necessários para uma publicação. De suas primeiras produções manuais, contendo, inclusive, a sua sensibilidade artística no desenho e na ilustração das mensagens, Chico conseguiu guardar durante toda a sua vida um único exemplar, que ao final de sua existência terrena entregou ao seu sobrinho-neto, Sérgio Luiz Ferreira Gonçalves, que no-lo apresentou para a devida divulgação. Esse é então, de fato e de direito, o primeiro livro de Chico Xavier, que a Vinha de Luz Editora da Casa de Chico Xavier de Pedro Leopoldo trouxe a lume, com a alegria de presentear o amado amigo Chico com a edição de seu *primeiro livro* no ano de 2010, ano de seu centenário de nascimento.

ESPÍRITOS DIVERSOS
PSICOGRAFIA DE FRANCISCO CÂNDIDO XAVIER
ORGANIZAÇÃO DE GERALDO LEMOS NETO E
SÉRGIO LUIZ FERREIRA GONÇALVES

LEIA TAMBÉM

CHICO XAVIER —
A AURORA DE UMA VIDA ENTRE O CÉU E A TERRA

As mensagens aqui apresentadas foram psicografadas por Chico Xavier e publicadas no jornal espírita *Aurora*, dirigido por Inácio Bittencourt, entre julho de 1928 e abril de 1933. Nesses primeiros anos, Chico era ainda muito jovem, não sabia quem eram os espíritos que se comunicavam por meio dele, e era praticamente desconhecido fora das terras mineiras. A lucidez do jovem Chico Xavier ao comentar, ele mesmo, alguns trechos doutrinários sobre os postulados espíritas surpreende e seja em verso ou em prosa, sobre os mais variados temas, o leitor encontrará nesse livro preciosas lições de vida, ora nos ensinando a aceitar e a bendizer o sofrimento e as provas diárias, ora nos ensinando a viver uma vida verdadeiramente cristã e espírita, mostrando, por fim, quão breve é a existência terrena perante a eternidade do tempo.

ESPÍRITOS DIVERSOS
PSICOGRAFIA DE FRANCISCO CÂNDIDO XAVIER
ORGANIZAÇÃO DE JOÃO MARCOS WEGUELIN

LIÇÕES PARA ANGELITA

Quando Chico Xavier tinha apenas 20 anos, dois personagens importantes surgiram para marcar a sua vida: a menina Angelita e sua mãe extremosa. Esse livro contém 20 mensagens repletas de ensinamentos preciosos, repassados de mãe para filha, a partir do dia a dia que ambas vivenciam e também das perguntas que a menina faz sobre os mais diversos temas acerca da existência. São lições para todas as pessoas. A receita segura para a construção do homem de bem – meta que todos nós devemos buscar.

PELO ESPÍRITO JOÃO DE DEUS
PSICOGRAFIA DE FRANCISCO CÂNDIDO XAVIER
ORGANIZAÇÃO DE JOÃO MARCOS WEGUELIN

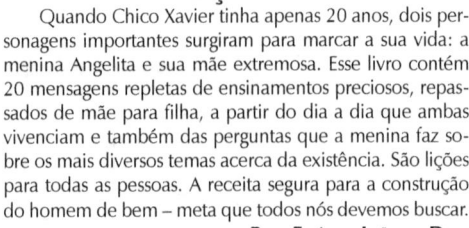

LEIA TAMBÉM

DEPOIS DA TRAVESSIA

Mais um volume da psicografia inédita de Chico Xavier, por espíritos diversos. A sua primeira parte é originária da fase do médium em Pedro Leopoldo, na Fazenda Modelo, na qual, após o serviço, frequentou o culto do Evangelho no lar do *Grupo Doméstico Arthur Joviano*, levado a efeito, semanalmente, pela família de Dr. Rômulo Joviano. Já a segunda parte é fruto da última fase da psicografia do médium em Uberaba, onde, nas sessões públicas do Grupo Espírita da Prece, recebeu o espírito da irmã, D. Luíza Xavier, em diversas oportunidades, a partir de 13 de julho de 1985. Permeando as comoventes mensagens desses espíritos sobre a própria sobrevivência além-túmulo, há fac-símiles de mensagens de Emmanuel e de Bezerra de Menezes, fotografias e escritos inéditos de Chico Xavier ilustrando as épocas e as personalidades citadas. A obra é, pois, instrutivo volume contendo valiosas informações sobre a vida espiritual depois da travessia dos umbrais da morte do corpo físico, a induzir-nos o espírito distraído no mundo a uma mais ampla reflexão sobre a imortalidade, patenteando-se-nos a real significação das palavras de Jesus, nosso Senhor e Mestre: "A cada um será dado segundo as próprias obras".

ESPÍRITOS DIVERSOS
PSICOGRAFIA DE FRANCISCO CÂNDIDO XAVIER
ORGANIZAÇÃO DE GERALDO LEMOS NETO E
WANDA AMORIM JOVIANO

OBRA EDITADA EM PARCERIA
COM A DIDIER EDITORA

MILITARES COM JESUS

As lições deste livro são de autoria de respeitáveis espíritos que passaram pela Terra na difícil experiência como militares. Portadores de grandes responsabilidades no dever, na disciplina, sobretudo integrados na justiça, propugnam, com amor, pela paz e pela felicidade dos povos, e do Brasil como pátria do Evangelho de nosso Senhor Jesus Cristo. São fragmentos extraídos do livro *Militares no Além*, psicografado por Francisco Cândido Xavier no período de 1936 a 1952 em Pedro Leopoldo, Minas Gerais, selecionados e organizados no presente volume como valiosos ensinamentos dos benfeitores da Vida Maior.

POR ESPÍRITOS DIVERSOS
PSICOGRAFIA DE FRANCISCO CÂNDIDO XAVIER
ORGANIZAÇÃO DE CEZAR CARNEIRO DE SOUZA

LEIA TAMBÉM

REGISTROS IMORTAIS

Registros imortais resgata para a história da Doutrina Espírita o trabalho de desobsessão e de esclarecimento aos desencarnados levado a efeito no Centro Espírita Meimei, fundado por Chico Xavier na Pedro Leopoldo dos anos 50. Por meio da psicofonia, Chico Xavier e diversos outros médiuns receberam mensagens da Vida Maior assinadas por espíritos sofredores e em evolução, em cujo cerne encontramos o Evangelho de Jesus como alicerce seguro para a vida imortal. Complementando as obras *Instruções psicofônicas* e *Vozes do Grande Além*, editadas pela Federação Espírita Brasileira em 1955 e 1957, respectivamente, esse livro é mais um documento importante para o Espiritismo no Brasil e no mundo, testificando a ingente capacidade mediúnica e caritativa do maior médium de todos os tempos e a valiosa contribuição de todos aqueles que com ele conviveram nessas tarefas consoladoras.

ESPÍRITOS DIVERSOS
PSICOFONIA DE FRANCISCO CÂNDIDO XAVIER
ORGANIZAÇÃO DE EUGÊNIO EUSTÁQUIO DOS SANTOS

CHIQUITO

CHIQUITO, da autora portuguesa Julieta Marques, conta um pouco da vida de Chico Xavier em linguagem acessível e direta, num convite ao amor, à humildade e à disciplina exemplificados pelo *médium do século*. Totalmente ilustrado, CHIQUITO é o segundo título da Vinha de Luz Editora voltado à evangelização infantil, que atende, sem dúvida alguma, às *crianças de todas as idades*.

JULIETA MARQUES

EIA TAMBÉM

O VOO DA GARÇA —
CHICO XAVIER EM PEDRO LEOPOLDO |
1910-1959

Esse trabalho histórico, do pesquisador pedroleopoldense Jhon Harley, que conviveu por 21 anos com Chico Xavier, é mais uma contribuição para compreender a figura humana do médium mineiro. Utilizando instrumentos e orientações do campo da História, principalmente no que diz respeito ao uso e à interpretação das fontes orais, escritas e iconográficas disponíveis, o autor transitou entre o acadêmico e o poético, fazendo uma analogia entre uma revoada de garças, ocorrida em 2 de abril de 1910, e a permanência de uma delas entre nós.

JHON HARLEY

CHICO XAVIER —
O MÉDIUM DOS PÉS DESCALÇOS

Chico Xavier foi, durante toda a sua vida, a personificação do bem, do amor ao próximo e da humildade. Nesse livro, Carlos Baccelli relata casos pessoais em torno do médium mineiro e registra, por meio de cartas que agora torna públicas, sua amizade estreita com o maior representante do Espiritismo no Brasil e no mundo. O autor nos coloca em contato muito próximo com Chico Xavier. É como se estivéssemos frente à frente com ele, numa conversa intimista, repleta de ensinamentos. É quase uma conversa ao pé do ouvido — em que podemos sentir de novo, e mais uma vez, a sua insubstituível presença.

CARLOS ANTÔNIO BACCELLI

LEIA TAMBÉM

CHICO XAVIER COM VOCÊ

Chico, mais que médium, era sábio. Em seus lábios, tanto ecoavam lições dos espíritos amigos quanto ensinamentos de sua própria autoria. Aqui, nessas páginas, garimpando em obras, revistas e periódicos antigos, o autor organizou uma coleção de pérolas que, sem dúvida alguma, não figuram em nenhuma outra coleção do mundo. Por isso, certamente, com esse abençoado livro você estará de posse de um tesouro de valor incalculável. Um tesouro que fará de você uma das pessoas mais ricas entre todos os homens!

CARLOS A. BACCELLI

PEDRO LEOPOLDO VISTA POR CHICO XAVIER — 1910 | 1959
49 ANOS DA PRESENÇA DO MAIOR MÉDIUM DE TODOS OS TEMPOS

O que o menino, o jovem e o adulto Chico Xavier vislumbrou em seus primeiros anos de experiências humanas e durante o desabrochar de suas faculdades mediúnicas a serviço do Cristo e da Doutrina dos Espíritos? O que teria o seu cândido olhar registrado pela retina da convivência e da saudade? Esse livro reúne extenso material inédito sobre o maior médium de todos os tempos, com fotografias e documentos recuperados, classificados e arquivados pelo memorialista pedroleopoldense Geraldo Leão, do Arquivo Geraldo Leão, e por Geraldo Lemos Neto, da Casa de Chico Xavier, que retratam principalmente o ambiente socioeconômico e cultural de Pedro Leopoldo dentro do período em que Chico Xavier lá residiu, desde o berço, em 1910, até a sua mudança definitiva para Uberaba, em 1959.

GERALDO LEÃO E GERALDO LEMOS NETO

LEIA TAMBÉM

CÉLIA LUCIUS, SANTA MARINA —
SEMELHANÇAS ENTRE AS BIOGRAFIAS CATÓLICAS E O ROMANCE *50 ANOS DEPOIS* DE FRANCISCO CÂNDIDO XAVIER E EMMANUEL

CÉLIA LUCIUS, SANTA MARINA é a revivescência da vida daquela que Chico Xavier | Emmanuel descreveram no romance *50 anos depois* como *"o lírio que nasceu do lodo das paixões do mundo para perfumar a noite da vida terrestre"* e que a igreja católica canonizou no século V. Aqui, por meio do minucioso e irrefutável estudo biográfico realizado por Flávio Mussa Tavares, filho do saudoso Clóvis Tavares, de Campos | RJ, o leitor se deparará com diversos relatos sobre Célia, confirmando a veracidade da narrativa do médium mineiro nos idos dos anos 40, tal qual previra Emmanuel no prefácio da obra referenciada. Para os espíritas, a consolidação da interexistência de Chico no desdobramento do labor mediúnico a benefício da difusão da Doutrina e sua prática evangelizadora, exemplificando o amor e a humildade legitimamente cristãos. Para os demais, uma reflexão sobre as lutas transitórias da vida física e a realidade além-túmulo — a verdadeira vida de todos nós.

FLÁVIO MUSSA TAVARES

EVANGELHO PURO, PURO EVANGELHO —
NA DIREÇÃO DO INFINITO

Seguidor incontestе da Boa Nova do Cristo, e espírita em sua mais pura essência filosófica, Martins Peralva deixou para os estudiosos da Doutrina textos de iluminada sabedoria e reflexão, que foram reunidos no livro *Evangelho puro, puro Evangelho — Na direção do Infinito*, organizado por Basílio Peralva, e que a Vinha de Luz Editora trouxe a lume numa homenagem ao centenário de nascimento do *médium do século*, Francisco Cândido Xavier (1910|2010). A obra, que congrega artigos publicados na imprensa de 1945 a 1999, é indispensável ao homem de boa vontade, abordando temas imprescindíveis a todos os corações que jornadeiam rumo ao progresso espiritual.

MARTINS PERALVA
ORGANIZAÇÃO DE BASÍLIO PERALVA

LEIA TAMBÉM

ISABEL —

A MULHER QUE REINOU COM O CORAÇÃO

Dois dias após psicografar as primeiras das milhares de páginas através das quais o mundo espiritual se comunicou por seu intermédio, Chico Xavier manteve um revelador encontro com uma ilustre senhora que lhe mudaria o curso de vida. Era D. Isabel de Aragão, mais conhecida como Rainha Santa Isabel, a célebre rainha de Portugal, para sempre associada ao milagre da transformação do pão em rosas. Embora em circunstâncias e contextos distintos, ambos experimentaram o poder, a riqueza, a fama e a adoração, contudo, optaram por viver uma intensa vida interior feita de humildade, perdão, tolerância, paciência, compaixão e caridade como expressões do amor. Esse trabalho avança para além da vida de Isabel de Aragão, apresentando outras duas figuras históricas: Santa Isabel da Hungria e Isabel de Portugal, duquesa da Borgonha. Colocadas as narrativas das vidas das três personagens lado a lado, emergem repetições e similitudes, nas quais encontramos a essência da reencarnação. Obviamente, caberá a cada leitor fazer o seu juízo de valor perante os fatos, porém, no conjunto das três, verificamos como uma personalidade se desenvolve e se amplia nas ações meritórias, exemplificando-se o progresso próprio e incessante pela condição moral que apresenta, pois sendo as almas iguais pela filiação são diferentes pela consciência espiritual que revelam. Segundo testificou o próprio Chico sobre D. Isabel de Aragão, *"ela é um dos gênios espirituais protetores da raça luso-brasileira em diversas partes do mundo para que os povos luso-brasileiros conservem a fraternidade cristã que Jesus nos legou"* (Adelino da Silveira, *Chico, de Francisco*, CEU).

MARIA JOSÉ CUNHA

ERA UMA VEZ PARA SEMPRE

Voltado à evangelização infanto-juvenil, esse livro é um compêndio de mensagens de graciosa narrativa, que enfeixa os ensinamentos do Cristo sob a ótica do Espiritismo, correlacionados a diversos assuntos de ordem espiritual e humana. Suas personagens principais — crianças sedentas de amor e de conhecimento — encantam pela perseverança no bem, sempre amparadas pela nobre e sábia Vovó Angel, que, como o próprio nome já diz, é um anjo do Senhor em suas vidas de aprendizado rumo à luz.

PELO ESPÍRITO BLANDINA
PSICOGRAFIA DE CARLOS MALAB

RÉSTIA DE LUZ

Primeiro livro editado pela Vinha de Luz Editora, lançado por ocasião do bicentenário de Allan Kardec (1804|2004) e dos 140 anos da primeira edição de *O Evangelho Segundo o Espiritismo* (1864|2004). Traz mensagens recebidas de espíritos diversos, psicografadas pelo médium Geraldo Lemos Neto, que interpretam as lições de *O Evangelho Segundo o Espiritismo*, nos indicando os caminhos mais certos da vida no permanente convite de nosso Mestre e Senhor Jesus.

ESPÍRITOS DIVERSOS
PSICOGRAFIA DE GERALDO LEMOS NETO

IGNÁCIO DE ANTIOQUIA

Uma viagem ao tempo da simplicidade e da pureza do Cristianismo, em sua mais bela e genuína expressão. Obra mediúnica repleta de episódios históricos do Cristianismo primitivo, que resgata para a memória da humanidade a vida e a trajetória de um dos seguidores mais valorosos de nosso Senhor Jesus Cristo.

PELO ESPÍRITO THEOPHORUS
PSICOGRAFIA DE GERALDO LEMOS NETO

Departamento Editorial da Casa de Chico Xavier
Av. Álvares Cabral, 1777 — 20º andar — Sala 2006
Santo Agostinho | 30170-001 | Belo Horizonte | MG
(31) 2531-3200 | 2531-3300 | 3517-1573

www.vinhadeluz.com.br
informacoes@vinhadeluz.com.br

www.casadechicoxavier.com.br
informacoes@casadechicoxavier.com.br

Este livro foi composto em tipologia Zapf Humanist, corpo 11, predominantemente.
Capa impressa em papel Supremo 300g e miolo impresso em Pólen Soft 80g.
Lis Gráfica e Editora Ltda. | Guarulhos | São Paulo